水行政执法监督业务经费定额标准

（试行）

中华人民共和国水利部　编

中国水利水电出版社
www.waterpub.com.cn
·北京·

图书在版编目（CIP）数据

水行政执法监督业务经费定额标准 : 试行 / 中华人民共和国水利部编. -- 北京 : 中国水利水电出版社, 2020.5
ISBN 978-7-5170-8551-5

Ⅰ. ①水… Ⅱ. ①中… Ⅲ. ①水路运输－行政执法－经费－标准－中国 Ⅳ. ①U698②D922.14

中国版本图书馆CIP数据核字(2020)第076884号

书　名	**水行政执法监督业务经费定额标准（试行）** SHUIXINGZHENG ZHIFA JIANDU YEWU JINGFEI DING'E BIAOZHUN（SHIXING）
作　者	中华人民共和国水利部　编
出版发行	中国水利水电出版社 （北京市海淀区玉渊潭南路1号D座　100038） 网址：www.waterpub.com.cn E-mail：sales@waterpub.com.cn 电话：(010) 68367658（营销中心）
经　售	北京科水图书销售中心（零售） 电话：(010) 88383994、63202643、68545874 全国各地新华书店和相关出版物销售网点
排　版	中国水利水电出版社微机排版中心
印　刷	清淞永业（天津）印刷有限公司
规　格	140mm×203mm　32开本　4印张　104千字
版　次	2020年5月第1版　2020年5月第1次印刷
印　数	0001—2000册
定　价	**48.00**元

水利部关于印发《水行政执法监督业务经费定额标准（试行）》的通知

水财务〔2019〕85号

部直属各单位：

为进一步深化水利部门预算管理改革，规范经常性专项业务费项目管理，科学合理地编报水行政执法监督业务经费预算，加强经费使用管理，提高资金使用效益，结合近年来水行政执法监督业务工作需要和取费标准实际情况，我部制定了《水行政执法监督业务经费定额标准（试行）》，现印发给你们。请各单位编制水行政执法监督业务经费预算时，按此标准执行。执行中如有问题，请及时反馈。

联 系 人：刘澄洁、李贵勋

联系方式：010－63202836、63203119

邮　　箱：yschu@mwr.gov.cn

水利部

2019年3月13日

《水行政执法监督业务经费定额标准（试行）》

编委会名单

目　录

1 总　　则

1.1　为科学合理编制流域水行政执法监督业务经费预算，加强水行政执法监督业务经费管理，提高资金使用效益，结合水行政执法监督业务工作实际，制定《水行政执法监督业务经费定额标准》（以下简称“定额标准”）。

1.2　本定额标准的编制，贯彻落实国家财政改革精神和水利改革发展要求，严格执行国家财政预算政策和规定，按照水行政执法监督业务工作要求，划分水行政执法监督业务项目，合理核定业务消耗，力求科学规范，方便使用。

1.3　本定额标准适用于正常情况下流域管理机构开展水行政执法监督业务工作专项经费预算的编制和核定，不包括人员经费和公用经费。因法律法规修订及实际工作需要，工作内容显著增加导致工作量增加的，不适用本定额标准。

1.4　本定额标准适用队伍范围：水利部在流域管理机构内设置的水政监察队伍，即：流域管理机构水政监察总队（一级队伍）、流域管理机构直属局水政监察总队（二级队伍）、水政监察支队（三级队伍）、水政监察大队（四级队伍）。

1.5　本定额标准适用于各级水政监察队伍开展的业务工作，项目划分为流域立法、水利普法、流域执法、省际水事矛盾纠纷预防与调处、行政许可及管理、水政监察队伍建设与管理共6个一级项目、15个二级项目、31个三级项目。水行政执法监督业务经费定额标准项目划分详见表1.1。

表1.1　　水行政执法监督业务经费定额标准项目划分

序号	一级项目	二级项目	三级项目
1	流域立法	（1-1）水法规制定与修订	（SXZZF-1-1-1）立法规划编制与修订

续表

序号	一级项目	二级项目	三级项目
1	流域立法	（1－1）水法规制定与修订	（SXZZF－1－1－2）水法规及流域规范性文件制定与修订
2	水利普法	（2－1）常规宣传	（SXZZF－2－1－1）普法规划制定和中期督查与验收
			（SXZZF－2－1－2）水法规汇编
		（2－2）专题宣传	（SXZZF－2－2－1）“世界水日”“中国水周”和“宪法宣传周”宣传
			（SXZZF－2－2－2）新法规及规范性文件宣贯和法规纪念日宣传
3	流域执法	（3－1）执法巡查或检查	（SXZZF－3－1－1）执法巡查或检查
		（3－2）案件查处	（SXZZF－3－2－1）水事案件调查和取证
			（SXZZF－3－2－2）行政处罚决定执行及整改措施落实
			（SXZZF－3－2－3）行政强制
			（SXZZF－3－2－4）听证和行政复议与诉讼
		（3－3）专项执法	（SXZZF－3－3－1）专项整治
		（3－4）执法督查	（SXZZF－3－4－1）执法督查
		（3－5）法律顾问	（SXZZF－3－5－1）法律顾问
4	省际水事矛盾纠纷预防与调处	（4－1）预防与调处	（SXZZF－4－1－1）排查化解
			（SXZZF－4－1－2）现场调查
			（SXZZF－4－1－3）技术论证
			（SXZZF－4－1－4）协调与处理
			（SXZZF－4－1－5）跟踪督办

续表

序号	一级项目	二级项目	三级项目
5	行政许可及管理	（5－1）行政许可归口管理	（SXZZF－5－1－1）许可窗口服务
			（SXZZF－5－1－2）许可管理及考核
		（5－2）河道管理范围内建设项目工程建设方案审批	（SXZZF－5－2－1）审批
			（SXZZF－5－2－2）监督管理
		（5－3）河道管理范围内有关活动审批	（SXZZF－5－3－1）审批
			（SXZZF－5－3－2）监督管理
		（5－4）吹填（整治）工程审批	（SXZZF－5－4－1）审批
			（SXZZF－5－4－2）监督管理
6	水政监察队伍建设与管理	（6－1）能力建设	（SXZZF－6－1－1）人员培训
			（SXZZF－6－1－2）队伍管理和考核
		（6－2）执法保障	（SXZZF－6－2－1）执法人员保障
			（SXZZF－6－2－2）执法设施设备运行维护

2 使 用 方 法

2.1 定额标准依据水行政执法监督业务工作内容及水政监察队伍级次编制，使用定额标准按照下列程序核定水行政执法监督业务经费：

（1）依据法律、法规、规章、规程规范、“三定”方案、规范性文件等，确定本队伍的业务内容，选择对应的定额标准。

（2）按照定额标准体系表确定本队伍各三级项目发生的频次。

（3）确定本队伍需要调整的事项及参数值。

（4）计算本队伍定额标准各三级项目的费用。

（5）汇总所有三级项目费用，得出本队伍所需年度经费。

2.2 本定额涉及固定项和调整项。固定项为定额标准中的固定值；调整项为定额标准中的变化项，包括工作距离调整系数 μ、船只运行维护费 P、人数 R、数量 M、固定资产值 G 等，其具体含义及使用方法见各三级项目定额标准表备注。定额标准中，设有 μ 和 P 的取值方法详见表 2.1 和表 2.2。

表 2.1　　工作距离调整系数表

队伍级别	μ 值		
	1.2	1.0	0.8
一级队伍工作距离	—	$2L_1>0$ 公里	—
二级队伍工作距离	$2L_2\geqslant1300$ 公里	400 公里$\leqslant2L_2<1300$ 公里	$2L_2<400$ 公里
三级队伍工作距离	$2L_3\geqslant500$ 公里	150 公里$\leqslant2L_3<500$ 公里	$2L_3<150$ 公里
四级队伍工作距离	$2L_4\geqslant200$ 公里	50 公里$\leqslant2L_4<200$ 公里	$2L_4<50$ 公里

注：1. L_n 为各级队伍工作距离，n（$n=1$、2、3、4）代表队伍级别。

2. 对于执法往返距离较近的闸所、泵站等队伍，往返工作距离（$2L$）小于 10 公里的调整系数 μ 采用 0.1，10 公里$\leqslant$往返工作距离（$2L$）<50 公里的调整系数 μ 采用 0.2。

表 2.2　船只运行维护费测算表

船只类别	主机功率/千瓦	单价/(元/公里)	P 值
大型	功率≥330	63	单价×实际行驶距离
中型	150≤功率<330	45	
小型	功率<150	25	

2.3 各级队伍提级使用定额标准原则

各级队伍提级使用定额调整适用于“执法巡查或检查”和“预防与调处”两个二级项目。具体调整方法如下：

（1）与一级队伍坐落在同一城市的三级队伍（闸所、泵站类队伍除外）可提级使用一级队伍定额。

（2）往返工作距离大于等于 1600 公里的队伍可提级使用一级队伍定额。

（3）往返工作距离大于等于 880 公里小于 1600 公里的三级队伍可提级使用二级队伍定额。

3 流域立法定额标准

3.0 工作依据

根据《中共中央关于全面推进依法治国若干重大问题的决定》和有关法律、法规要求，流域管理机构依据水利部授权，负责本单位业务范围内水法律、行政法规的起草和规章的拟订工作，负责组织编制流域层面的有关专业规划和专项规划，根据水利部立法规划及流域管理的实际需要，编制与修订流域立法规划，制定与修订水法规及流域规范性文件。

3.1 水法规制定与修订

3.1.1 立法规划编制与修订

（1）主要内容

前期调研、编制与修订流域立法规划、专家咨询、征求意见、审查、印发。

（2）定额标准

表 3.1 立法规划编制与修订定额标准表

定额编号	定额项目	适用队伍	单位	定额标准/元
SXZZF-1-1-1	立法规划编制与修订	一级队伍	次	18116
		二级队伍		6644＋6450μ
		三级队伍		5429＋4300μ

3.1.2 水法规及流域规范性文件制定与修订

（1）主要内容

资料收集，条文起草、组织专家咨询、征求意见、组织听证（涉及社会管理及公众利益重大事项的立法）、修改完善、审查、法规建议稿上报，立法后评估，规范性文件相关调研及调研报告编制，规范性文件建议稿上报（水利部印发）或规范性文件印发（流域机构印发）、备案。

（2）定额标准

表 3.2　　水法规及流域规范性文件制定与修订定额标准表

定额编号	定额项目	适用队伍	单位	定额标准/元
SXZZF-1-1-2	水法规及流域规范性文件制定与修订	一级队伍	次	39050
		二级队伍		15220＋12900μ

4 水利普法定额标准

4.0 工作依据

依据《全国人民代表大会常务委员会关于加强法制宣传教育的决议》和《全国水利系统法制宣传教育第七个五年规划》，流域管理机构作为水利部派出机构，根据水利部授权，按照“谁执法谁普法”的普法责任制的要求，依法制定本单位普法规划和年度实施方案，组织做好常规普法宣传教育和专题普法宣传教育。

4.1 常规宣传

4.1.1 普法规划制定和中期督查与验收

（1）主要内容

调研，拟定普法规划，征求意见，审查、印发普法规划，规划执行的中期督查和总结验收。

（2）定额标准

表 4.1　　普法规划制定和中期督查与验收定额标准表

定额编号	定额项目	适用队伍	单位	定额标准/元
SXZZF-2-1-1	普法规划制定和中期督查与验收	一级队伍	次	18440
		二级队伍		6144＋6399μ
		三级队伍（有下级）		500＋2358μ
		三级队伍（无下级）		500＋1718μ
		四级队伍		500＋852μ

4.1.2 水法规汇编

（1）主要内容

水法规的收集、整编、印发。

（2）定额标准

表 4.2　　水法规汇编定额标准表

定额编号	定额项目	适用队伍	单位	定额标准/元
SXZZF-2-1-2	水法规汇编	一级队伍	次	38000
		二级队伍		15200

4.2 专题宣传

4.2.1 “世界水日”“中国水周”和“宪法宣传周”宣传

（1）主要内容

在每年的“世界水日”“中国水周”和“宪法宣传周”组织开展相关活动，如开展媒体宣传，包括网络、平面、广播、电视宣传等；制作水法规宣传品，包括宣传画、传单、宣传册、宣传片等；开展宣传活动，包括设立固定或流动宣传站、定制宣传牌；组织座谈会、讲座、竞赛、征文、演讲、问卷、答题等。

（2）定额标准

表 4.3　　“世界水日”“中国水周”和“宪法宣传周”宣传定额标准表

定额编号	定额项目	适用队伍	单位	定额标准/元
SXZZF-2-2-1	“世界水日”“中国水周”和“宪法宣传周”宣传	一级队伍	次	21429
		二级队伍		13760＋7044μ
		三级队伍（有下级）		3402＋1434μ
		三级队伍（无下级）		3402＋1088μ
		四级队伍		1750＋1088μ

注：开展1次“世界水日”“中国水周”或1次“宪法宣传周”宣传的经费标准。

4.2.2 新法规及规范性文件宣贯和法规纪念日宣传

（1）主要内容

开展媒体宣传，包括网络、平面、广播、电视宣传等；制作水法规宣传品，包括宣传画、传单、宣传册、宣传片等；开展宣传活动，包括设立固定或流动宣传站、定制宣传牌；组织座谈会、讲座、竞赛、征文、演讲、问卷、答题等；与其他单位联合开展专题宣传活动等。

（2）定额标准

表 4.4 新法规及规范性文件宣贯和法规纪念日宣传定额标准表

定额编号	定额项目	适用队伍	单位	定额标准/元
SXZZF-2-2-2	新法规及规范性文件宣贯和法规纪念日宣传	一级队伍	次	31244
		二级队伍		$3510+394\mu$
		三级队伍（有下级）		$1401+1088\mu$
		三级队伍（无下级）		$1401+1088\mu$
		四级队伍		$701+1088\mu$

5 流域执法定额标准

5.0 工作依据

流域管理机构是水利部的派出机构，依据《中华人民共和国水法》《中华人民共和国防洪法》《中华人民共和国水土保持法》《中华人民共和国河道管理条例》《取水许可和水资源费征收管理条例》等法律法规的规定和水利部的授权，行使执法检查、行政处罚、行政强制等执法职能，承担中央直接管理的河道、湖泊、水库及省际边界河段和中央管理的水事活动的执法任务。

5.1 执法巡查或检查

（1）主要内容

对管辖内河道、湖泊、水库、省际边界河段等范围内的涉水活动开展执法巡查或检查，发现违法行为，依法责令停止违法行为，建立执法台账，对适用简易程序的案件进行现场查处。

（2）定额标准

表 5.1　　执法巡查或检查定额标准表

定额编号	定额项目	适用队伍	单位	定额标准/元
SXZZF-3-1-1	执法巡查或检查	一级队伍	次	10659+P
		二级队伍		7044μ+P
		三级队伍（有下级）		3390μ+P
		三级队伍（无下级）		1718μ+P
		四级队伍		852μ+P

注： 队伍提级使用定额标准原则：1. 与一级队伍坐落在同一城市的三级队伍（闸所、泵站类队伍除外）可提级使用一级队伍定额标准；2. 往返工作距离≥1600公里的队伍可提级使用一级队伍定额标准；3. 880公里≤往返工作距离<1600公里的三级队伍可提级使用二级队伍定额标准。

5.2 案件查处

5.2.1 水事案件调查和取证

（1）主要内容

针对违法行为进行登记立案，现场勘验、收集证据、证据保存（保全）、制作笔录，确定违法行为的事实、性质、情节及社会危害程度。

（2）定额标准

表 5.2 水事案件调查和取证定额标准表

定额编号	定额项目	适用队伍	单位	定额标准/元
SXZZF-3-2-1	水事案件调查和取证	一级队伍	次	18270+P
		二级队伍		150+12392μ+P
		三级队伍（有下级）		150+6103μ+P
		三级队伍（无下级）		150+3736μ+P
		四级队伍		150+2004μ+P

5.2.2 行政处罚决定执行及整改措施落实

（1）主要内容

做出警告、罚款、吊销许可证、没收非法所得及法律法规规定的其他水行政处罚，执行行政处罚决定，督办整改措施落实。

（2）定额标准

表 5.3 行政处罚决定执行及整改措施落实定额标准表

定额编号	定额项目	适用队伍	单位	定额标准/元
SXZZF-3-2-2	行政处罚决定执行及整改措施落实	一级队伍	次	9324
		二级队伍		20+6399μ
		三级队伍（有下级）		2358μ
		三级队伍（无下级）		1718μ
		四级队伍		852μ

5.2.3 行政强制

（1）主要内容

采取依法查封场所、设施等行政强制措施，组织实施排除妨碍、恢复原状、代履行等行政强制执行（包括申请法院强制执行，雇佣人员及其有关设备等）。

（2）定额标准

表 5.4　　行政强制定额标准表

定额编号	定额项目	适用队伍	单位	定额标准/元
SXZZF-3-2-3	行政强制	一级队伍	次	$9824+P$
		二级队伍		$320+6399\mu+P$
		三级队伍（有下级）		$2160+2358\mu+P$
		三级队伍（无下级）		$2160+1718\mu+P$
		四级队伍		$1080+852\mu+P$

5.2.4 听证和行政复议与诉讼

（1）主要内容

受理听证，发布听证通告，召开听证会议，制作笔录，提出听证意见；受理行政复议申请，现场调查，作出行政复议决定，印制送达法律文书；配合上级机关完成行政复议相关工作；配合司法机关完成行政诉讼活动，包括核实情况、应诉、举证等。

（2）定额标准

表 5.5　　听证和行政复议与诉讼定额标准表

定额编号	定额项目	适用队伍	单位	定额标准/元
SXZZF-3-2-4	听证和行政复议与诉讼	一级队伍	次	$14477+P$
		二级队伍		$370+9599\mu+P$
		三级队伍（有下级）		$250+3538\mu+P$
		三级队伍（无下级）		$250+2578\mu+P$
		四级队伍		$150+1277\mu+P$

5.3 专项执法

5.3.1 专项整治

（1）主要内容

依据上级部门的工作部署或联合地方政府及其部门组织开展河湖执法、水资源管理、采砂执法、涉河建设项目等专项执法及相关违法行为的专项整治活动。

（2）定额标准

表 5.6 专项整治定额标准表

定额编号	定额项目	适用队伍	单位	定额标准/元
SXZZF-3-3-1	专项整治	一级队伍	次	9804+P
		二级队伍		300+6399μ+P
		三级队伍（有下级）		200+2358μ+P
		三级队伍（无下级）		200+1718μ+P
		四级队伍		100+852μ+P

注：开展1次“河湖执法”等的经费标准，开展1次“水资源管理”“采砂执法”“涉河建设项目”等专项执法定额标准亦同。

5.4 执法督查

（1）主要内容

对执法巡查、案件查处和专项执法活动中发现的重大水事违法案件查处情况以及依法作出的行政处罚决定、整改决定的执行情况进行现场督查、挂牌督办、严格查处，必要时申请上级主管部门重点督查。

（2）定额标准

表 5.7 执法督查定额标准表

定额编号	定额项目	适用队伍	单位	定额标准/元
SXZZF-3-4-1	执法督查	一级队伍	次	9804+P
		二级队伍		300+6399μ+P
		三级队伍（有下级）		200+2358μ+P

5.5 法律顾问

（1）主要内容

聘请常年法律顾问，在日常水行政执法工作中提出法律意见，提高执法水平。

（2）定额标准

表 5.8　　法律顾问定额标准表

定额编号	定额项目	适用队伍属地	单位	定额标准/元
SXZZF-3-5-1	法律顾问	直辖市、省会城市或流域管理机构驻地	人·年	50000
		地级市		30000
		县级市及以下地区		20000

6 省际水事矛盾纠纷预防与调处定额标准

6.0 工作依据

依据《中华人民共和国水法》《省际水事纠纷预防和处理办法》和流域管理机构“三定”方案的相关规定，流域管理机构承担管辖范围内省际水事矛盾纠纷的预防和调处工作。

6.1 预防与调处

6.1.1 排查化解

（1）主要内容

开展省际边界河段水事矛盾纠纷排查，建立矛盾纠纷台账。对出现水事矛盾苗头的及时就地化解；对一时难以化解的矛盾纠纷提出处置措施，防止矛盾纠纷激化、扩大。

（2）定额标准

表 6.1　　排查化解定额标准表

定额编号	定额项目	适用队伍	单位	定额标准/元
SXZZF-4-1-1	排查化解	一级队伍	次	11220＋P
		二级队伍		1362＋6399μ＋P
		三级队伍（有下级）		808＋2358μ＋P
		三级队伍（无下级）		808＋1718μ＋P
		四级队伍		808＋852μ＋P

注：队伍提级使用定额标准原则：1. 与一级队伍坐落在同一城市的三级队伍（闸所、泵站类队伍除外）可提级使用一级队伍定额标准；2. 往返工作距离≥1600公里的队伍可提级使用一级队伍定额标准；3. 880公里≤往返工作距离<1600公里的三级队伍可提级使用二级队伍定额标准。

6.1.2 现场调查

（1）主要内容

组织专家和有关人员进行现场查勘，召集相关人员座谈，调查核实情况，提出处置措施，防止纠纷激化、扩大。

（2）定额标准

表 6.2 现场调查定额标准表

定额编号	定额项目	适用队伍	单位	定额标准/元
SXZZF-4-1-2	现场调查	一级队伍	次	9304+P
		二级队伍		6399μ+P
		三级队伍（有下级）		2358μ+P
		三级队伍（无下级）		1718μ+P
		四级队伍		852μ+P

注：队伍提级使用定额标准原则：1. 与一级队伍坐落在同一城市的三级队伍（闸所、泵站类队伍除外）可提级使用一级队伍定额标准；2. 往返工作距离≥1600 公里的队伍可提级使用一级队伍定额标准；3. 880 公里≤往返工作距离＜1600 公里的三级队伍可提级使用二级队伍定额标准。

6.1.3 技术论证

（1）主要内容

收集资料，委托第三方开展水事纠纷的影响分析，提出技术成果，组织专家论证。

（2）定额标准

表 6.3 技术论证定额标准表

定额编号	定额项目	适用队伍	单位	定额标准/元
SXZZF-4-1-3	技术论证	各级队伍	年	根据近 3 年实际发生平均值确定

6.1.4 协调与处理

（1）主要内容

召集有关地方人民政府、有关水行政主管部门开展协调；提出调处意见，形成调处协议、纪要等；作出处理决定；组织制定协调处理应急方案和临时处置措施，包括工程措施和非工程措施等。

（2）定额标准

表 6.4　　协调与处理定额标准表

定额编号	定额项目	适用队伍	单位	定额标准/元
SXZZF-4-1-4	协调与处理	一级队伍	次	17004+P
		二级队伍		5620+6399μ+P
		三级队伍（有下级）		200+2358μ+P
		三级队伍（无下级）		200+1718μ+P
		四级队伍		100+852μ+P

注：队伍提级使用定额标准原则：1. 与一级队伍坐落在同一城市的三级队伍（闸所、泵站类队伍除外）可提级使用一级队伍定额标准；2. 往返工作距离≥1600 公里的队伍可提级使用一级队伍定额标准；3. 880 公里≤往返工作距离<1600 公里的三级队伍可提级使用二级队伍定额标准。

6.1.5　跟踪督办

（1）主要内容

监督检查协调方案、协议或处理决定的落实情况。

（2）定额标准

表 6.5　　跟踪督办定额标准表

定额编号	定额项目	适用队伍	单位	定额标准/元
SXZZF-4-1-5	跟踪督办	一级队伍	次	9304+P
		二级队伍		6399μ+P
		三级队伍（有下级）		2358μ+P
		三级队伍（无下级）		1718μ+P
		四级队伍		852μ+P

注：队伍提级使用定额标准原则：1. 与一级队伍坐落在同一城市的三级队伍（闸所、泵站类队伍除外）可提级使用一级队伍定额标准；2. 往返工作距离≥1600 公里的队伍可提级使用一级队伍定额标准；3. 880 公里≤往返工作距离<1600 公里的三级队伍可提级使用二级队伍定额标准。

7 行政许可及管理定额标准

7.0 工作依据

流域管理机构是水利部的派出机构，依据《中华人民共和国行政许可法》《中华人民共和国水法》《中华人民共和国防洪法》《河道管理条例》《长江河道采砂管理条例》《水行政许可实施办法》等法律法规的规定和水利部的授权，行使河道管理范围内建设项目工程建设方案审批、河道管理范围内有关活动审批以及吹填（整治）工程审查审批及监督管理等权力。

7.1 行政许可归口管理

7.1.1 许可窗口服务

（1）主要内容

完成许可申请材料接收、受理、许可决定送达，行政审批监管平台的运行管理，开展许可电话咨询、网络在线咨询以及许可相关信息公开等工作；组织开展申请人回访、申请人评议等工作。

（2）定额标准

表 7.1　　许可窗口服务定额标准表

定额编号	定额项目	适用队伍	单位	定额标准/元
SXZZF-5-1-1	许可窗口服务	各级队伍	件	600

7.1.2 许可管理及考核

（1）主要内容

许可归口管理部门对许可窗口服务、许可审批、许可项目的监督管理等各项工作进行定性定量考核；对行政许可文书（文件）进行合法性审查，对各许可承办部门许可审批和制度执行等情况进行监督检查等，以及开展周期性行政许可事项综合后评估。

（2）定额标准

表 7.2 许可管理及考核定额标准表

定额编号	定额项目	适用队伍	单位	定额标准/元
SXZZF-5-1-2	许可管理及考核	一级队伍	个	7960
		二级队伍		
		三级队伍（有下级）		

注：由水政监察监督队伍以外部门管理的，依据所在单位水政监察队伍级次套用本定额标准。

7.2 河道管理范围内建设项目工程建设方案审批

7.2.1 审批

（1）主要内容

现场查勘，内部审查，专家评审会，审批文件印制，审批文件资料汇编，档案整编归档等。

（2）定额标准

表 7.3 审批定额标准表

定额编号	定额项目	适用队伍	单位	定额标准/元
SXZZF-5-2-1	审批	一级队伍	次	18530
		二级队伍		10220+5324μ
		三级队伍（有下级）		1434μ
		三级队伍（无下级）		1718μ
		四级队伍		852μ

注：由水政监察监督队伍以外部门管理的，依据所在单位水政监察队伍级次套用本定额标准。

7.2.2 监督管理

（1）主要内容

开工监管，施工过程监管，跟踪整改情况，专项检查（包括汛前检查、重点抽查)、专项验收和事后监管等。

(2) 定额标准

表 7.4　　监督管理定额标准表

定额编号	定额项目	适用队伍	单位	定额标准/元
SXZZF-5-2-2	监督管理	一级队伍	次	10304
		二级队伍		$1000+6399\mu$
		三级队伍(有下级)		$500+2358\mu$
		三级队伍(无下级)		$500+1718\mu$
		四级队伍		$500+852\mu$

注:由水政监察监督队伍以外部门管理的,依据所在单位水政监察队伍级次套用本定额标准。

7.3 河道管理范围内有关活动审批

7.3.1 审批

(1) 主要内容

现场查勘,内部审查,专家评审会,审批文件印制,审批文件资料汇编,档案整编归档等。

(2) 定额标准

表 7.5　　审批定额标准表

定额编号	定额项目	适用队伍	单位	定额标准/元
SXZZF-5-3-1	审批	一级队伍	次	18064
		二级队伍		$8760+6399\mu$
		三级队伍(有下级)		2358μ
		三级队伍(无下级)		1718μ
		四级队伍		852μ

注:由水政监察监督队伍以外部门管理的,依据所在单位水政监察队伍级次套用本定额标准。

7.3.2 监督管理

(1) 主要内容

开工监管，施工过程监管，跟踪整改情况，专项检查（包括汛前检查、重点抽查）、专项验收和事后监管等。

（2）定额标准

表 7.6　　监督管理定额标准表

定额编号	定额项目	适用队伍	单位	定额标准/元
SXZZF-5-3-2	监督管理	二级队伍	次	500+6399μ
		三级队伍（有下级）		250+2358μ
		三级队伍（无下级）		250+1718μ
		四级队伍		250+852μ

注：由水政监察监督队伍以外部门管理的，依据所在单位水政监察队伍级次套用本定额标准。

7.4 吹填（整治）工程审批

7.4.1 审批

（1）主要内容

河道地形测量，技术审查包括现场查勘、内部审查、专家评审会，审批文件印制、审批文件及资料汇编、档案整编归档等。

（2）定额标准

表 7.7　　审批定额标准表

定额编号	定额项目	适用队伍	单位	定额标准/元
SXZZF-5-4-1	审批	一级队伍	次	23444+P
		二级队伍		12480+6399μ+P
		三级队伍（有下级）		2358μ+P
		三级队伍（无下级）		1718μ+P
		四级队伍		852μ+P

注：由水政监察监督队伍以外部门管理的，依据所在单位水政监察队伍级次套用本定额标准。

7.4.2 监督管理

（1）主要内容

现场监管包括开工监管、施工过程监管、吹填（整治）工程范围和工程量的核查，专项检查包括汛前检查、重点抽查等，组织编制吹填（整治）工程后评估报告，事后监管。

（2）定额标准

表 7.8　　监督管理定额标准表

定额编号	定额项目	适用队伍	单位	定额标准/元
SXZZF-5-4-2	监督管理	一级队伍	次	$14844+P$
		二级队伍		$3780+6399\mu+P$
		三级队伍（有下级）		$2520+2358\mu+P$
		三级队伍（无下级）		$2520+1718\mu+P$
		四级队伍		$1260+852\mu+P$

注：由水政监察监督队伍以外部门管理的，依据所在单位水政监察队伍级次套用本定额标准。

8 水政监察队伍建设与管理定额标准

8.0 工作依据

根据《中共中央关于全面推进依法治国若干重大问题的决定》中关于加强法治工作队伍建设的要求，以及《水政监察工作章程》《水政监察证件、标志管理办法》的规定，流域管理机构负责制定、修订水政监察队伍制度，建立水政监察队伍考核、培训体系，为水政监察队伍配备必要的专用执法装备，改善办公条件，给予水政监察人员与执法任务相适应的执法津贴，购买人身伤害保险等，提高水行政执法能力，保障执法基地和执法设备正常运行。

8.1 能力建设

8.1.1 人员培训

（1）主要内容

举办或参加培训，对水行政执法、行政许可管理业务人员进行相关法律法规及业务知识和能力培训，新增水政监察人员岗前资格培训。

（2）定额标准

表 8.1 人员培训定额标准表

定额编号	定额项目	适用事项	单位	定额标准/元
SXZZF－6－1－1	人员培训	举办培训	年	$1100R_1$
		参加培训		$1310R_2$

注：R_1为本单位举办培训班的参加人数；R_2为本单位参加外单位组织的培训人数。

8.1.2 队伍管理和考核

（1）主要内容

规范执法行为，提高执法水平，建立执法责任制、执法全过程记录、执法程序、自由裁量权基准等制度；按照队伍管理权限，组织开展水政监察工作及水政监察队伍考核；新增水政监察人员岗前考核及上岗（发证），水政监察人员任期届满考核（审验、登记）。

（2）定额标准

表 8.2　　队伍管理和考核定额标准表

定额编号	定额项目	适用队伍	单位	定额标准/元
SXZZF-6-1-2	队伍管理和考核	一级队伍	次	7450
		二级队伍		$1000+6450\mu$
		三级队伍（有下级）		$500+3280\mu$
		三级队伍（无下级）		200
		四级队伍		200

8.2　执法保障

8.2.1　执法人员保障

（1）主要内容

购买执法人员意外伤害保险，安全防护设施设备更新维护（适用于二、三、四级队伍）等。

（2）定额标准

表 8.3　　执法人员保障定额标准表

定额编号	定额项目	适用队伍	单位	定额标准/元
SXZZF-6-2-1	执法人员保障	一级队伍	年	$360R_3$
		二级队伍		$360R_3+639M_5$
		三级队伍（有下级）		$360R_3+639M_5$
		二级队伍（无下级）		$360R_3+639M_5$
		四级队伍		$360R_3+639M_5$

注：R_3为参保人数；M_5为安全防护设施套数量。

8.2.2 执法设施设备运行维护

（1）主要内容

调查取证设备、听证复议设备、水法规宣传设施以及码头、趸船等设施设备的运行维护。

（2）定额标准

表 8.4　　执法设施设备运行维护定额标准表

定额编号	定额项目	适用范围	单位	定额标准/元
SXZZF-6-2-2	执法设施设备运行维护	一般设备	年	$2\%G_1$
		特殊设备		$5\%G_2$

注：G_1为一般设备固定资产值；G_2为特殊设备固定资产值。

表 8.5　　水行政执法设施设备清单

一般设备			专用设备
调查取证设备	现场处理设备	办案设备	
摄像机	现场执法记录仪	计算机	执法船
照相机	移动执法设备	电话机	执法艇
录音机（笔）	破拆设备	传真机	趸船
望远镜	防暴头盔	扫描仪	码头
夜视仪	防刺背心	打印机	其他
笔记本电脑	扩音设备	复印机	
定位设备	应急照明设备	投影仪	
测量设备	强光手电筒		
	执法专用箱		

水行政执法监督业务
经费定额标准
编制说明

（试行）

目　　录

前　言

党的十九大报告把坚持全面依法治国确立为新时代坚持和发展中国特色社会主义的基本方略，对深化依法治国实践作出全面部署，为建设社会主义法治国家提供了科学指导。水行政执法监督工作是贯彻水法律法规的重要组成部分，对促进水利法制体系建设和推动水利改革与发展具有重要意义，是全面贯彻实施《中华人民共和国水法》《中华人民共和国防洪法》《中华人民共和国水土保持法》《中华人民共和国水污染防治法》等水法律法规的需要，更是落实党的十九大报告中提出的深化依法治国实践的需要。

2014年修正的《中华人民共和国预算法》，对实行财政预算公开、三年滚动预算、预算项目精细化、科学化管理以及预算编报与审查提出了新的更高要求。为了进一步贯彻落实国家关于财政体制改革、建立公共支出预算体系和实行部门预算的系列要求，必须要科学合理地编制定额标准，通过制定费用支出定额标准，建立科学的费用支出标准体系。

水行政执法监督业务经费定额标准编制工作，是适应国家财政预算改革，规范和加强流域水行政执法监督业务经费管理的重要基础性工作。对进一步深化水利部门预算管理改革，规范经常性专项业务费项目管理，提高业务工作经费保障能力及资金使用效益，提高水行政执法监督业务经费预算科学化、精细化管理水平具有十分重要的意义。

第一章　编 制 背 景

第一节　水行政执法监督业务工作情况

一、水行政执法监督工作定义

水行政执法监督工作是指水行政主管部门、流域管理机构和法律、法规授权的其他组织，按照法律、法规和规章的规定，在水事管理领域里，依法对水行政管理的相对人采取的直接影响其权利义务，或者对相对人的权利义务的行使和履行情况直接进行监督检查的具体行政行为。

二、水行政执法监督业务工作的主要内容

按照水利部确定的“水行政执法监督业务”项目职责范围，水行政执法监督的主要任务有：

（1）流域立法：包括立法规划编制与修订、水法规及流域规范性文件制定与修订。

（2）水利普法：主要是常规宣传（包括普法规划制定和中期督查与验收、水法规汇编），专题宣传（包括“世界水日”“中国水周”和“宪法宣传周”宣传、新法规及规范性文件宣贯和法规纪念日宣传）。

（3）流域执法：主要是执法巡查或检查，案件查处（包括水事案件调查和取证、行政处罚决定执行及整改措施落实、行政强制、听证和行政复议与诉讼），专项执法（专项整治），执法督查，法律顾问。

（4）省际水事矛盾纠纷预防与调处：包括排查化解、现场调查、技术论证、协调与处理、跟踪督办。

（5）行政许可及管理：主要是行政许可归口管理（包括许可窗口服务、许可管理及考核），河道管理范围内建设项目工程建

设方案审批（包括审批、监督管理），河道管理范围内有关活动审批（包括审批、监督管理），吹填（整治）工程审批（包括审批、监督管理）。

（6）水政监察队伍建设与管理：主要是能力建设（包括人员培训、队伍管理和考核），执法保障（包括执法人员保障、执法设施设备运行维护）。

三、水政执法监督队伍的设置情况

据统计，截至 2017 年年底，全国各流域管理机构共有水政监察队伍 270 支，水行政执法人员共计 2943 人。其中水利部所属的流域管理机构水政监察总队（一级队伍）7 支，流域管理机构直属局水政监察总队（二级队伍）13 支，水政监察支队（三级队伍）97 支，水政监察大队（四级队伍）153 支。流域管理机构水政监察队伍详见表 1－1－1。

表 1－1－1　　流域管理机构水政监察队伍汇总表

流域管理机构名称	一级队伍	二级队伍	三级队伍	四级队伍	队伍总数/支	人员总数/人
长江水利委员会	1	0	6	12	19	329
黄河水利委员会	1	8	30	82	121	1535
淮河水利委员会	1	1	10	19	31	488
海河水利委员会	1	4	27	36	68	399
珠江水利委员会	1	0	9	0	10	88
松辽水利委员会	1	0	12	0	13	53
太湖流域管理局	1	0	3	4	8	51
合计	7	13	97	153	270	2943

注：表中数据为各流域管理机构 2017 年底上报数。

（一）长江水利委员会（以下简称“长江委”）

长江委共设立水政监察队伍 19 支。其中：水利部所属的流域管理机构水政监察总队（一级队伍）1 支，水政监察支队（三级队伍）6 支，水政监察大队（四级队伍）12 支。水政监察人员共计 329 人。

（1）水利部所属的流域管理机构水政监察总队（一级队伍）1 支，即长江委水政监察总队。

（2）水政监察支队（三级队伍）6 支。

长江委水政监察总队下设 6 支支队：综合执法第一、综合执法第二、水资源保护、水文、陆水水库和丹江口水库水政监察支队。

（3）水政监察大队（四级队伍）12 支。

综合执法第二支队下设 2 支大队：鄂赣和赣皖水政监察大队。

水资源保护水政监察支队下设 2 支大队：第一和第二水政监察大队。

水文水政监察支队下设 8 支大队：重庆、三峡、荆江、武汉、南京、上海、襄阳和西南大队。

（二）黄河水利委员会（以下简称“黄委”）

黄委共设立水政监察队伍 121 支。其中：水利部所属的流域管理机构水政监察总队（一级队伍）1 支，流域管理机构直属局水政监察总队（二级队伍）8 支，水政监察支队（三级队伍）30 支，水政监察大队（四级队伍）82 支。实有水政监察人员 1535 人。

（1）水利部所属的流域管理机构水政监察总队（一级队伍）1 支，即黄委水政监察总队。

（2）流域管理机构直属局水政监察总队（二级队伍）8 支：山东、河南、上中游、黑河、水文、水资源保护、山西河务局和陕西河务局水政监察总队。

（3）水政监察支队（三级队伍）30 支。

黄委水政监察总队下设 3 支直属支队：小浪底、三门峡和故县水库水政监察支队。

山东河务局水政监察总队下设 8 支支队：菏泽、东平湖、聊城、济南、德州、淄博、滨州和河口支队。

河南河务局水政监察总队下设6支支队：焦作、新乡、郑州、开封、濮阳和豫西支队。

上中游水政监察总队下设5支支队：水保、晋陕蒙接壤地区、西峰、天水和绥德支队。

水文水政监察总队下设6支支队：上游、宁蒙、中游、三门峡库区、河南和山东水文支队。

山西河务局水政监察总队下设1支支队，即山西黄河北干流支队。

陕西河务局水政监察总队下设1支支队，即陕西黄河北干流支队。

（4）水政监察大队（四级队伍）82支。

山东菏泽支队下设4支大队：东明、鄄城、郓城和牡丹区水政监察大队。

山东东平湖支队下设5支大队：梁山黄河、东平黄河、梁山东平湖、东平东平湖和汶上东平湖大队。

山东德州支队下设1支大队，即齐河大队。

山东聊城支队下设3支大队：莘县、阳谷和东阿大队。

山东济南支队下设7支大队：历城区、槐荫区、天桥区、长清、平阴、章丘和济阳大队。

山东淄博支队下设1支大队，即高青大队。

山东滨州支队下设5支大队：滨城区、邹平、惠民、博兴和滨开区大队。

山东河口支队下设4支大队：利津、东营区、垦利和河口区大队。

河南焦作支队下设6支大队：孟州、温县、博爱、沁阳、武陟第一和武陟第二大队。

河南新乡支队下设3支大队：原阳、封丘和长垣大队。

河南郑州支队下设4支大队：巩义、惠济金水区、荥阳和中牟大队。

河南开封支队下设3支大队：开封第一、开封第二和兰考大队。

河南濮阳支队下设 7 支大队：濮阳第一、濮阳第二、台前、范县、滑县、张庄闸管理处和渠村闸管理处大队。

河南豫西支队下设 3 支大队：孟津、济源和吉利区大队。

水文水政监察总队下设 1 支直属大队，即黄河水文勘察测绘水文大队。

上游水文支队下设 2 支大队：西宁和兰州水文大队。

宁蒙水文支队下设 2 支大队：宁夏和宁蒙水文水资源局直属水文大队。

中游水文支队下设 4 支大队：榆林、延安、府谷和榆次水文大队。

三门峡库区水文支队下设 3 支大队：三门峡库区、天水和西峰水文大队。

河南水文支队下设 3 支大队：洛阳、郑州和小浪底水文大队。

山东水文支队下设 2 支大队：黄河口和济南水文大队。

山西总队下设 5 支大队：河津、芮城、临漪、万荣、永济大队。

陕西总队下设 4 支大队：韩城、合阳、大荔和潼关大队。

（三）淮河水利委员会（以下简称“淮委”）

淮委共设立水政监察队伍 31 支。其中：水利部所属的流域管理机构水政监察总队（一级队伍）1 支，流域管理机构直属局水政监察总队（二级队伍）1 支，水政监察支队（三级队伍）10 支，水政监察大队（四级队伍）19 支。水政监察人员共计 488 人。

（1）水利部所属的流域管理机构水政监察总队（一级队伍）1 支，即淮委水政监察总队。

（2）流域管理机构直属局水政监察总队（二级队伍）1 支，即淮委直属沂沭泗水政监察总队。

（3）水政监察支队（三级队伍）10 支。

淮委总队下设7支支队：水土保持、水资源保护、防汛抗旱、建设与管理和水资源管理水政监察支队，规划管理和水文支队。

沂沭泗总队下设3支支队：南四湖、沂沭河和骆马湖支队。

(4) 水政监察大队（四级队伍）19支。

南四湖支队下设6支大队：上级湖、二级坝、韩庄、蔺家坝、下级湖和韩庄运河水政监察大队。

沂沭河支队下设7支大队：沂河、沭河、郯城、河东、大官庄、彭道口和江风口大队。

骆马湖支队下设6支大队：沭阳、新沂、宿迁、嶂山、灌南和邳州大队。

（四）海河水利委员会（以下简称“海委”）

海委共设立水政监察队伍68支。其中：水利部所属的流域管理机构水政监察总队（一级队伍）1支，流域管理机构直属局水政监察总队（二级队伍）4支，水政监察支队（三级队伍）27支，水政监察大队（四级队伍）36支。水政监察人员共计399人。

(1) 水利部所属的流域管理机构水政监察总队（一级队伍）1支，即海委水政监察总队。

(2) 流域管理机构直属局水政监察总队（二级队伍）4支总队：漳卫南运河、引滦工程、海河下游和漳河上游管理局水政监察总队。

(3) 水政监察支队（三级队伍）27支。

海委水政监察总队下设2支支队：采砂管理和水资源保护水政监察支队。

漳卫南运河管理局水政监察总队下设11支支队：卫河、邯郸、聊城、邢衡、德州、沧州河务局，水闸、四女寺枢纽、岳城水库管理局，采砂和水保支队。

引滦工程管理局水政监察总队下设4支支队：大黑汀水库管理处、潘家口水库工程管理处、库区和水保支队。

海河下游管理局水政监察总队下设6支支队：独流减河进洪闸、独流减河防潮闸、西河闸、海河防潮闸、屈家店枢纽和海河口管理处支队。

漳河上游管理局水政监察总队下设4支支队：第一、第二、第三和清漳河管理处支队。

（4）水政监察大队（四级队伍）36支。

卫河河务局支队下设7支大队：采砂，浚县、滑县、内黄、汤阴、清丰和南乐河务局水政监察大队。

邯郸河务局支队下设5支大队：采砂，临漳、魏县、大名和馆陶河务局大队。

聊城河务局支队下设3支大队：冠县、临清河务局，穿卫枢纽管理所大队。

邢衡河务局支队下设3支大队：临西、清河和故城河务局大队。

德州河务局支队下设6支大队：夏津、武城、德城、宁津、乐陵、庆云河务局大队。

沧州河务局支队下设5支大队：吴桥、东光、南皮、盐山和海兴河务局大队。

水闸管理局支队下设7支大队：祝官屯枢纽、袁桥闸、吴桥闸、王营盘闸、罗寨闸、庆云闸管理所，无棣河务局大队。

（五）珠江水利委员会（以下简称“珠委”）

珠委共设立水政监察队伍10支。其中：水利部所属的流域管理机构水政监察总队（一级队伍）1支，水政监察支队（三级队伍）9支。水政监察人员共计88人。

（1）水利部所属的流域管理机构水政监察总队（一级队伍）1支，即珠江委水政监察总队。

（2）水政监察支队（三级队伍）9支。

珠江委水政监察总队下设9支支队：建管、河口及规划、水土保持、安监、水文、水资源保护、西江、百色和遥感工作站水政监察支队。

（六）松辽水利委员会（以下简称“松辽委”）

松辽委共设立水政监察队伍13支。其中：水利部所属的流域管理机构水政监察总队（一级队伍）1支，水政监察支队（三级队伍）12支。水政监察人员共计53人。

（1）水利部所属的流域管理机构水政监察总队（一级队伍）1支，即松辽委水政监察总队。

（2）水政监察支队（三级队伍）12支：总队办公室、规划管理、水资源管理、水工程建设与管理、防汛抗旱管理、水资源保护、水土保持生态环境、察尔森水库、黑龙江水文、尼尔基、黑龙江中游水文和嫩江水文测报监察支队。

（七）太湖流域管理局（以下简称“太湖局”）

太湖局共设立水政监察队伍8支。其中：水利部所属的流域管理机构水政监察总队（一级队伍）1支，水政监察支队（三级队伍）3支，水政监察大队（四级队伍）4支。水政监察人员共计51人。

（1）水利部所属的流域管理机构水政监察总队（一级队伍）1支，即太湖局水政监察总队。

（2）水政监察支队3支（三级队伍）。

太湖局水政监察总队下设3支支队：水资源保护、苏州管理局和太湖流域水文水资源监测中心水政监察支队。

（3）水政监察大队4支（四级队伍）。

苏州管理局水政监察支队下设2支大队：太浦闸管理所和望亭水利枢纽水政监察大队。

太湖流域水文水资源监测中心水政监察支队下设2支大队：水文和水资源大队。

第二节　定额标准编制目的与意义

一、项目由来

为进一步贯彻落实国家财政体制改革的部署，建立公共支出预算体系，必须要科学合理地编制经费定额标准，通过工作任务确定费用支出定额标准，建立科学的费用支出体系。为规范和加强业务经费管理，提高资金使用效益，强化预算管理，水利部决定开展“水行政执法监督业务经费定额标准”编制工作。

二、编制意义

水行政执法监督是贯彻水法律法规的一项重要工作，对促进水利法治体系建设和推动水利改革与发展具有重要意义，是全面贯彻实施《中华人民共和国水法》《中华人民共和国防洪法》《中华人民共和国水土保持法》《中华人民共和国水污染防治法》《中华人民共和国河道管理条例》《取水许可和水资源费征收管理条例》等法律法规的需要，也是完善社会主义法治建设的需要。

水行政执法监督业务经费定额编制工作是适应国家财政预算改革形势，制定水行政执法监督项目业务经费管理规定，规范和加强流域水行政执法监督业务经费管理的重要基础性工作。对进一步深化水利部门预算管理改革，规范专项业务经费项目管理，提高业务工作经费保障能力及资金使用效益，提高水行政执法业务经费预算科学化、精细化管理水平具有十分重要的意义。

三、编制目的

按照国家水行政执法监督业务的需求，梳理其业务工作内容，划分各项计费定额单元，制定经费定额标准，将水行政执法监督业务经费纳入国家财政预算体系，为进一步规范流域管理机构水行政执法监督业务工作和预算管理提供依据，为科学合理编制水行政执法监督业务预算、正常开展水行政执法监督工作提供保障。

第二章 编制思路、项目体系及经济科目确定

第一节 编制思路、原则和依据

一、编制思路

依据国家有关财政预算和水利改革发展精神，按照财政预算支出范围，结合水利行业特点，坚持厉行节约、勤俭办事。以现行开支标准和实际开支情况为基础，兼顾当前与长远，坚持经费定额标准项目的选取与国家财政预算科目相统一，使定额标准具有合规性、合理性和可操作性。

二、编制原则

（一）合规性原则

水行政执法监督业务工作的内容应在遵循国家有关水行政执法工作职责划分的基础上，结合工作实际，充分考虑工作深度，广泛调查、客观分析、依法依规测定业务经费定额标准。

（二）前瞻性原则

定额编制要有预见性，充分考虑未来业务发展需要和各业务模块可能拆分，独立核算的需要。

（三）统筹兼顾原则

定额编制有依据、定额使用可操作，业务经费测算简单明了。既考虑财力许可，又考虑各项业务开展的客观实际需求。结合财力许可合理测定业务经费定额标准。

（四）差异性原则

充分考虑各流域管理机构水政监察队伍所在区域以及不同管

理范围的差别，实行区别对待。

三、编制依据

（一）工作内容确定依据

《中华人民共和国水法》（1988 年公布，2002 年修订，2009 年修改，2016 年修改）

《中华人民共和国防洪法》（1997 年公布，2009 年修改，2015 年修改，2016 年修改）

《中华人民共和国水土保持法》（1991 年公布，2010 年修订）

《中华人民共和国水污染防治法》（1984 年公布，1996 年修正，2008 年修订，2017 年修正）

《中华人民共和国行政处罚法》（1996 年公布，2009 年修正）

《中华人民共和国行政许可法》（2003 年公布）

《中华人民共和国行政强制法》（2011 年公布）

《中华人民共和国行政复议法》（1999 年公布，2009 年修订）

《中华人民共和国行政诉讼法》（1989 年公布，2014 年修订）

《长江河道采砂管理条例》（2001 年公布）

《中华人民共和国行政复议法实施条例》（2007 年公布）

《中华人民共和国水土保持法实施条例》（1993 年公布，2010 年修改）

《中华人民共和国河道管理条例》（1988 年公布，2010 年修改，2017 年两次修改）

《中华人民共和国水文条例》（2007 年公布，2013 年修订，2016 年修订，2017 年修改）

《取水许可和水资源费征收管理条例》（2006 年公布，2017 年修改）

《水行政处罚实施办法》（1997 年公布）

《水利部行政复议工作暂行规定》（1999 年公布）

《水利部立法工作管理规定》（2003 年公布）

《水政监察工作章程》（2000 年公布，2004 年修改）

《黄河河口管理办法》（2004 年公布）

《省际水事纠纷预防和处理办法》(2004 年公布)

《水行政许可实施办法》(2005 年公布)

《水行政许可听证规定》(2006 年公布)

《海河独流减河永定新河河口管理办法》(2009 年公布)

《入河排污口监督管理办法》(2004 年公布，2015 年修改)

《长江河道采砂管理条例实施办法》(2003 年公布，2010 年两次修改，2016 年修改)

《河道管理范围内建设项目管理的有关规定》(1992 年公布，2017 年修改)

《三峡水库调度和库区水资源与河道管理办法》(2008 年公布，2017 年修改)

《全国投资项目在线审批监管平台运行管理暂行办法》(2017 年公布)

《淮河流域水污染防治暂行条例》(1995 年公布，2010 年修改)

《太湖流域管理条例》(2011 年公布)

《黄河下游浮桥建设管理办法》(1990 年水政〔1990〕公布，1997 年水政资〔1997〕修改，水利部令第 49 号修改)

《珠江河口管理办法》(1999 年公布，2017 年修改)

《水利部关于流域管理机构决定〈防洪法〉规定的行政处罚和行政措施权限的通知》(水行政法〔1999〕231 号)

(二) 经费定额标准制订依据

《建设项目前期工作咨询收费暂行规定》(计价格〔1999〕1283 号)

《水利事业费管理办法》(财农字〔2000〕13 号)

《财政部关于进一步加强中央农口部门预算项目支出管理的通知》(财农〔2006〕37 号)

《中央本级项目支出预算管理办法》(财预〔2007〕38 号)

《关于印发〈事业单位会计制度〉的通知》(财会〔2012〕22 号)

《财政部关于〈中央和国家机关差旅费管理办法〉的通知》（财行〔2013〕531号）

《关于调整中央和国家机关差旅住宿费标准等有关问题的通知》（财行〔2015〕497号）

《关于印发〈中央行政单位通用办公设备家具购置费预算标准〉的通知》（财资〔2016〕27号）

《中央和国家机关工作人员赴地方差旅住宿费明细表》（财行〔2016〕71号）

《关于印发〈中央和国家机关培训管理办法〉》（财行〔2016〕540号）

《水利部中央级项目支出预算管理细则》（水财经〔2005〕549号）

《水利部关于进一步加强项目支出预算管理的通知》（水财务〔2018〕66号）

（三）参照定额标准

《水利工程维修养护定额标准（试点）》（水办〔2004〕307号）

《水文业务经费定额标准》（水财经〔2007〕561号）

《水利信息系统运行维护定额标准》（水财务〔2009〕284号）

《水质监测业务经费定额标准》（水财务〔2014〕253号）

《水土保持业务经费定额标准》（水财务〔2014〕253号）

第二节 经费定额标准项目划分

根据工作实际，水行政执法监督业务经费定额标准项目依照水行政执法监督业务工作内容，将项目划分为流域立法、水利普法、流域执法、省际水事矛盾纠纷预防与调处、行政许可及管理和水政监察队伍建设与管理共6个一级项目、15个二级项目、31个三级项目。水行政执法监督业务经费定额标准项目划分详见表2-1-1。

表 2-1-1　　水行政执法监督业务经费定额标准项目划分

序号	一级项目	二级项目	三级项目
1	流域立法	(1-1) 水法规制定与修订	(SXZZF-1-1-1) 立法规划编制与修订
			(SXZZF-1-1-2) 水法规及流域规范性文件制定与修订
2	水利普法	(2-1) 常规宣传	(SXZZF-2-1-1) 普法规划制定和中期督查与验收
			(SXZZF-2-1-2) 水法规汇编
		(2-2) 专题宣传	(SXZZF-2-2-1)"世界水日""中国水周"和"宪法宣传周"宣传
			(SXZZF-2-2-2) 新法规及规范性文件宣贯和法规纪念日宣传
3	流域执法	(3-1) 执法巡查或检查	(SXZZF-3-1-1) 执法巡查或检查
		(3-2) 案件查处	(SXZZF-3-2-1) 水事案件调查和取证
			(SXZZF-3-2-2) 行政处罚决定执行及整改措施落实
			(SXZZF-3-2-3) 行政强制
			(SXZZF-3-2-4) 听证和行政复议与诉讼
		(3-3) 专项执法	(SXZZF-3-3-1) 专项整治
		(3-4) 执法督查	(SXZZF-3-4-1) 执法督查
		(3-5) 法律顾问	(SXZZF-3-5-1) 法律顾问
4	省际水事矛盾纠纷预防与调处	(4-1) 预防与调处	(SXZZF-4-1-1) 排查化解
			(SXZZF-4-1-2) 现场调查
			(SXZZF-4-1-3) 技术论证
			(SXZZF-4-1-4) 协调与处理
			(SXZZF-4-1-5) 跟踪督办

续表

序号	一级项目	二级项目	三级项目
5	行政许可及管理	（5-1）行政许可归口管理	（SXZZF-5-1-1）许可窗口服务
			（SXZZF-5-1-2）许可管理及考核
		（5-2）河道管理范围内建设项目工程建设方案审批	（SXZZF-5-2-1）审批
			（SXZZF-5-2-2）监督管理
		（5-3）河道管理范围内有关活动审批	（SXZZF-5-3-1）审批
			（SXZZF-5-3-2）监督管理
		（5-4）吹填（整治）工程审批	（SXZZF-5-4-1）审批
			（SXZZF-5-4-2）监督管理
6	水政监察队伍建设与管理	（6-1）能力建设	（SXZZF-6-1-1）人员培训
			（SXZZF-6-1-2）队伍管理和考核
		（6-2）执法保障	（SXZZF-6-2-1）执法人员保障
			（SXZZF-6-2-2）执法设施设备运行维护

第三节　经济科目及单价确定

一、经济科目的确定

经济科目主要包括办公费、印刷费、邮电费、车辆运行维护费、差旅费、基本设施设备运行维护费、专用材料费、培训费、咨询费、劳务费、设备租赁费、船只运行维护费（可选项）、委托业务费、其他商品和服务支出共14个科目。

二、单价确定

（一）办公费

办公费主要指开展水行政执法监督业务所发生的各种办公用品的耗费，主要包括纸张、打印机（传真机、计算机）耗材等。为了合理计算、方便使用，在充分调研的基础上，办公耗材全部换算为纸张消耗，以A3纸1令（500张）组成一个标准本为计价基础。每张纸费用按0.1元计，一个标准本的单价是0.1元/张×500张=50元。

（二）印刷费

印刷费包括报告的复印、打印、装订等费用。为了简化定额和方便使用，一些宣传费以及部分其他商品和服务支出费也换算成印刷费，并列入相应印刷费定额标准中。以标准本为计价基础，即以一份报告50张双面复印为1标准本所耗费用进行测算，折合约为75.8元/本，若折算为标准张，按1.52元/张计。

根据市场调研，确定印制宣传画为20元/张；印制宣传单0.25元/张；宣传册按照标准张1.52元/张计。印刷费测算见表2-3-1。

表2-3-1　印刷费测算表

序号	项目	数量	单价	金额/元
1	A4复印	41张	0.30元/张	12.30
2	A4彩页	5张	0.50元/张	2.50
3	A3彩图	4张	10.00元/张	40.00
4	装订费	一本	21.00元/本	21.00
合　计				75.80
标准张：75.8/50=1.52元/张				

（三）邮电费

根据中国邮政资费标准，特快专递：500克以内为20元。

挂号信费用包括挂号费和信函费，挂号费为 3 元；信函费：外埠 100 克以内每重 20 克为 1.20 元，101～2000 克之间每重 100 克为 2 元。

目前实际工作中，邮寄业务多使用特快专递，快递公司种类较多，邮寄信件重量不一，为了简化邮电费的测算，邮电费一律按 20 元/件计。

（四）车辆运行维护费

车辆运行维护费包括本单位自有车辆的运行维护费和社会车辆的租赁费。

1. 单位工作距离费用测算

根据 2016 年市场平均价格，通过成本测算分析，单价约为 3.94 元/公里，详见表 2-3-2。

表 2-3-2　　百公里车辆运行维护费测算表

序号	项目	数量	单价	金额/元	说　明
1	燃料费	15 升	5.94 元/升	89	2016 年 5 月 30 日全国平均油价
2	过桥过路停车费	100 公里	0.6 元/公里	60	
3	车辆保险、修理费	100 公里	0.72 元/公里	72	
4	司机食宿补助	1/4 日	350 元/日	87	食宿补助按照日行车距离 400 公里考虑，司机日工资和食宿补助根据市场调研价确定
5	司机人工工资	1/4 日	200 元/日	50	
小计				358	
6	管理费		10%	36	
合计				394	100 公里

注：1. 燃料费：根据 2016 年水行政执法实际情况，燃料费取轿车和越野车综合能耗，即 100 公里 15 升；

2. 车辆保险、修理费：按照年行驶 50000 公里，每 5000 公里保养一次，每年保养 10 次，每次 1000 元，年保养费 10000 元/辆；年修理费按 20000 元/辆；

3. 保险费：每年 6000 元/辆计。

2. 车辆工作距离

根据流域管理机构各同级队伍到下一级队伍或执法点工作距离，用众数统计方法，计算出各级队伍到下一级队伍或执法点的标准工作距离，根据各级队伍到下一级队伍或执法点的概率确定出各级队伍加权工作距离 L，详见表 2-3-3。

表 2-3-3　　各级队伍加权工作距离测算表

距离类别	1～2 级 (L_{1-2})	2～3 级 (L_{2-3})	3～4 级 (L_{3-4})	4 级一执法点 (L_{4-X})	备注
标准工作距离/公里	422	279	120	70	取所有队伍工作距离众数
加权工作距离 L/公里	队伍级别	加权工作距离计算公式			往返工作距离
	一级队伍	$L_1=422\times10\%+(422+279)\times10\%+(422+279+120)\times10\%+(422+279+120+70)\times70\%=818.1$			$2\times L_1\approx1600$
	二级队伍	$L_2=279\times10\%+(279+120)\times10\%+(279+120+70)\times80\%=443$			$2\times L_2\approx880$
	三级队伍	$L_3=120\times10\%+(120+70)\times90\%=183$			$2\times L_3\approx360$
	四级队伍	$L_4=70$			$2\times L_4\approx140$

注： L_{1-2}表示一级队伍到二级队伍的工作距离众数；
L_{2-3}表示二级队伍到三级队伍的工作距离众数；
L_{3-4}表示三级队伍到四级队伍的工作距离众数；
L_{4-x}表示四级队伍到执法点 X 的工作距离众数。

各级队伍工作距离采用加权法计算，经调研并与其他流域管理机构共同商定。其中，一级队伍到二级、三级、四级队伍和执法点的概率分别按 10%．10%、10%和 70%计；二级队伍到三级、四级队伍和执法点的概率分别按 10%、10%和 80%计；三级队伍到四级队伍和执法点的概率分别按 10%和 90%计；四级队伍到执法点的概率为 100%。

具体计算方法为：

一级队伍工作距离 $L_1=L_{1-2}\times10\%+(L_{1-2}+L_{2-3})\times10\%+$

$(L_{1-2}+L_{2-3+}L_{3-4})\times 10\%+(L_{1-2}+L_{2-3+}L_{3-4}+L_{4-X})\times 70\%$

二级队伍工作距离 $L_2=L_{2-3}\times 10\%+(L_{2-3+}L_{3-4})\times 10\%+(L_{2-3}+L_{3-4+}L_{4-X})\times 80\%$

三级队伍工作距离 $L_3=L_{3-4}\times 10\%+(L_{3-4+}L_{4-X})\times 90\%$

四级队伍工作距离 $L_4=L_{4-X}$

3. 车辆运行维护费调整

考虑到各级队伍实际工作距离差异很大，对于偏离标准工作距离较大的队伍，其车辆运行维护费采用工作距离系数 μ 进行调整。工作距离调整系数详见表 2-3-4。

表 2-3-4　　　　工作距离调整系数表

队伍级别	μ 值		
	1.2	1.0	0.8
一级队伍工作距离	—	$2L_1>0$ 公里	—
二级队伍工作距离	$2L_2\geqslant 1300$ 公里	400 公里 $\leqslant 2L_2<1300$ 公里	$2L_2<400$ 公里
三级队伍工作距离	$2L_3\geqslant 500$ 公里	150 公里 $\leqslant 2L_3<500$ 公里	$2L_3<150$ 公里
四级队伍工作距离	$2L_4\geqslant 200$ 公里	50 公里 $\leqslant 2L_4<200$ 公里	$2L_4<50$ 公里

注：1. L_n 为各级队伍工作距离，n（$n=1$、2、3、4）代表队伍级别。

2. 对于执法往返距离较近的闸所、泵站等队伍，往返工作距离（$2L$）小于 10 公里的调整系数 μ 采用 0.1，往返工作距离（$2L$）大于等于 10 公里小于 50 公里的调整系数 μ 采用 0.2。

4. 各级队伍提级使用定额调整方法

各级队伍提级使用定额调整适用于“执法巡查或检查”和“预防与调处”两个二级项目。具体调整方法如下：

（1）与一级队伍坐落在同一城市的三级队伍（闸所、泵站类队伍除外）可提级使用一级队伍定额标准。

（2）往返工作距离大于等于 1600 公里的队伍可提级使用一级队伍定额标准，根据 2017 年年底数据统计，包括黄委黄河上中游管理局总队、黄委水文局总队、珠江委下设的 8 支支队（建管、河口及规划、水土保持、安监、水文、水资源保护、西江和遥感工作站水政监察支队）及松辽委下设的 8 支支队（规划管理、水资源管理、水工程建设与管理、防汛抗旱管理、水资源保护、水土保持生态环境、黑龙江水文和嫩江监察支队）。

（3）往返工作距离大于等于 880 公里小于 1600 公里的三级队伍可提级使用二级队伍定额标准，根据 2017 年年底数据统计，包括黄委黄河上中游管理局总队下设的 4 支支队（晋陕蒙接壤地区、西峰、天水和绥德监察支队）、黄委水文局总队下设的 4 支支队（上游、宁蒙、中游和三门峡库区水文监察支队）及松辽委黑龙江中游水文监察支队。

5. 带车比例

为核算带车与不带车出行费用，经调研并与其他流域管理机构共同商定，各级队伍带车比例详见表 2－3－5。

表 2－3－5　　　　带车比例确定表

队伍类别	带车比例/%	不带车比例/%
一级队伍	35	65
二级队伍	50	50
三级队伍（有下级）	80	20
三级队伍（无下级）	100	0
四级队伍		

6. 车辆运行维护费标准的计算

根据上述已确定的车辆运行维护费构成因素，计算出各级队伍单次出行的车辆运行维护费。

根据表 2－3－2 测得的单公里车辆费用标准和表 2－3－3 测得的各级队伍的往返工作距离（$2L_1$、$2L_2$、$2L_3$、$2L_4$），以及表 2－3－5测得的带车比例，计算出各级队伍车辆运行维护费，见表 2－3－6。

表 2-3-6　各级队伍单次出行的车辆运行维护费计算表

类别	标准/(元/公里)	里程/公里	带车比例/%	车辆运行维护费合计/(元/次)
一级队伍	3.94	1600	35	2206
二级队伍		880	50	1734
三级队伍（有下级）		360	80	1134
三级队伍（无下级）		360	100	1418
四级队伍		140	100	552

（五）差旅费

1. 城市间交通费

参照已颁布水利行业定额的测算方法，本经费定额标准选取武汉市为中心进行城市间交通费测算。按照各流域管理机构驻地到武汉的距离，对选取火车、汽车、飞机等交通工具的概率进行统计，城市间交通费（往返）测算为950元/人，详见表2-3-7。

表 2-3-7　各流域管理机构一级队伍乘坐交通工具费用表

流域管理机构	目的地	火车票价/元			飞机经济舱票价/元	距离/公里
		硬座	硬卧	高铁或动车二等座		
黄委（郑州）	武汉	75.0	138.0	244.0	—	510.5
淮委（蚌埠）	武汉	—	—	170.0	—	474.2
海委（天津）	武汉	163.5	289.5	524.5	450.0	1151.7
珠委（广州）	武汉	138.5	246.5	463.5	530.0	1017.7
松辽委（长春）	武汉	236.5	462.5	904.0	1210.0	2087.7
太湖局（上海）	武汉	148.5	263.5	267.5	980.0	830.1
总费用		762.0	1400.0	2573.5	3170.0	
乘坐不同交通工具实际总距离/公里		5597.7	5597.7	6071.9	5087.2	6071.9

乘坐不同交通工具，每公里费用测算如下：

乘坐硬座＝762 元÷5597.7 公里＝0.14 元/公里

乘坐硬卧＝1400 元÷5597.7 公里＝0.25 元/公里

乘坐高铁或动车二等座＝2573.5 元÷6071.9 公里＝0.42 元/公里

乘坐飞机＝3170 元÷5087.2 公里＝0.62 元/公里

在考虑工作效率的前提下，对选取硬座、硬卧、高铁或动车的概率设定为 10%、40%、50%。

乘坐火车＝0.14 元/公里×10%＋0.25 元/公里×40%＋0.42 元/公里×50%＝0.32 元/公里

各流域管理机构由驻地到武汉出差，选择火车和飞机的概率为 50%和 50%。

城市间交通费单价＝0.32 元/公里×50%＋0.62 元/公里×50%＝0.47 元/公里

往返城市间交通费＝0.47 元/公里×6071.9 公里÷6×2≈950 元

2. 伙食补助费

伙食补助费按照出差自然（日历）天数计算，依据《中央和国家机关差旅住宿费和伙食补助费标准》关于伙食补助的相关规定，伙食补助费按照 100 元/(人·天)（除青海、西藏和新疆为 120 元外）标准包干使用。

3. 城市内交通费

城市内交通费指工作人员因公出差期间发生的市内费用，市内交通费按照出差自然（日历）天数计算，根据《财政部关于〈中央和国家机关差旅费管理办法〉的通知》，按 80 元/(人·天)标准包干使用。

4. 住宿费

根据《中央和国家机关工作人员赴地方差旅住宿费明细表》，按照其他人员地级市住宿费标准，全国 57 个地级市均值为 323 元，按 330 元/(人·天)取值计算。

5. 差旅费调整

考虑到各级队伍实际工作距离差异大，对于偏离标准工作距离较大的队伍，其差旅费采用工作距离调整系数 μ 进行调整。工作距离调整系数详见表 2-3-4。

6. 差旅费标准的确定

根据上述已确定的差旅费构成因素，计算出各级队伍带车出行与不带车出行时的差旅费用标准。

(1) 单次带车出行差旅费。

1) 按每天车辆行驶 300 公里确定。

3 人一组，根据表 2-3-3 测得的各级队伍的往返工作距离（$2L_1$、$2L_2$、$2L_3$、$2L_4$）推算出各级队伍出差天数分别为 5 天、3 天、1 天、1 天、1 天，各级队伍对应的住宿天数为 4 天、2 天、0 天、0 天、0 天，带车出行差旅费计算详见表 2-3-8。

表 2-3-8　带车出行差旅费计算表（日行 300 公里）

队伍级别	往返工作距离 2L/公里	日行车标准/(公里/日)	出行天数/天	伙食补助标准/[元/(人·天)]	住宿天数/天	住宿标准/[元/(人·天)]	人数/(人/组)	差旅费合计/元
一级队伍	1600	300	5	100	4	330	3	5460
二级队伍	880	300	3		2			2880
三级队伍（有下级）	360	300	1		0			300
三级队伍（无下级）	360	300	1		0			300
四级队伍	140	300	1		0			300

根据天数计算出各级队伍单次出行差旅费标准：

一级队伍：[5 天×100 元/(人·天)+4 天×330 元/(人·天)]×3 人=5460 元

二级队伍：[3 天×100 元/(人·天)+2 天×330 元/(人·天)]×3 人=2880 元

三级队伍（有下级）：1 天×100 元/(人·天)×3 人=300 元

三级队伍（无下级）：1 天×100 元/(人·天)×3 人=300 元

四级队伍：1 天×100 元/(人·天)×3 人=300 元

2）按每天车辆行驶 200 公里确定。

按 3 人一组，根据表 2-3-3 测得的各级队伍的往返工作距离（$2L_1$、$2L_2$、$2L_3$、$2L_4$）推算出各级队伍出差天数分别为 8 天、4 天、2 天、1 天、1 天，各级队伍对应的住宿天数分别为 7 天、3 天、1 天、0 天、0 天（无下级队伍的三级队伍和四级队伍为当天往返），带车出行差旅费计算见表 2-3-9。

表 2-3-9　带车出行差旅费计算表（日行 200 公里）

队伍级别	往返工作距离 2L/公里	日行车标准/(公里/日)	出行天数/天	伙食补助标准/[元/(人·天)]	住宿天数/天	住宿标准/[元/(人·天)]	人数/(人/组)	差旅费合计/元
一级队伍	1600	200	8	100	7	330	3	9330
二级队伍	880	200	4		3			4170
三级队伍（有下级）	360	200	2		1			1590
三级队伍（无下级）	360	200	1		0			300
四级队伍	140	200	1		0			300

根据天数计算出各级队伍单次出行差旅费标准：

一级队伍：[8 天×100 元/(人·天)+7 天×330 元/(人·天)]×3 人=9330 元

二级队伍：[4 天×100 元/(人·天)+3 天×330 元/(人·天)]×3 人=4170 元

三级队伍（有下级）：[2 天×100 元/(人·天)+1 天×330 元/(人·天)]×3 人=1590 元

三级队伍（无下级）：1 天×100 元/(人·天)×3 人=300 元

四级队伍：1 天×100 元/(人·天)×3 人=300 元

表 2-3-10　　3 人一组带车出行差旅费标准表

队伍级别	差旅费/元	
	日行 300 公里	日行 200 公里
一级队伍	5460	9330
二级队伍	2880	4170
三级队伍（有下级）	300	1590
三级队伍（无下级）	300	300
四级队伍	300	300

(2) 单次不带车出行差旅费。

按 3 人一组，根据各级队伍实际情况调研统计，各级队伍不带车出行出差天数可归结为 4 天、3 天、2 天和当天往返，各级队伍差旅费分别为：

一级队伍：[950 元/人+4 天×100 元/(人·天)+4 天×80 元/元/(人·天)+3 天×330 元/(人·天)]×3 人=7980 元

二级队伍：[950 元/人+3 天×100 元/(人·天)+3 天×80 元/(人·天)+2 天×330 元/(人·天)]×3 人=6450 元

三级队伍（有下级）：[950 元/人+2 天×100 元/(人·天)+2 天×80 元/(人·天)+1 天×330 元/(人·天)]×3 人=4920 元

三级队伍（无下级）：1 天×100 元/(人·天)×3 人=300 元

四级队伍：1 天×100 元/(人·天)×3 人=300 元

单次不带车差旅费计算见表 2-3-11。

表 2-3-11　　单次不带车差旅费计算表

队伍级别	出行天数/天	城市间交通费/(元/次)	城市内交通费标准/[元/(人·天)]	伙食补助标准/[元/(人·天)]	住宿天数/天	住宿标准/[元/(人·天)]	人数/人	差旅费合计/(元/次)
一级队伍	4	950	80	100	3	330	3	7980

续表

队伍级别	出行天数/天	城市间交通费/(元/次)	城市内交通费标准/[元/(人·天)]	伙食补助标准/[元/(人·天)]	住宿天数/天	住宿标准/[元/(人·天)]	人数/人	差旅费合计/(元/次)
二级队伍	3	950	80	100	2	330	3	6450
三级队伍(有下级)	2	950	80	100	1	330	3	4920
三级队伍(无下级)	1	0	0	100	0	330	3	300
四级队伍	1	0	0	100	0	330	3	300

按照表2-3-5带车比例确定差旅费，得出各级队伍综合差旅费，见表2-3-12。

表2-3-12　3人一组出行综合差旅费计算表

日行距离	队伍级别	带车出行差旅费/(元/次)	带车比例/%	不带车出行差旅费/(元/次)	不带车比例/%	差旅费合计/(元/次)
300公里	一级队伍	5460	35	7980	65	7098
	二级队伍	2880	50	6450	50	4665
	三级队伍(有下级)	300	80	4920	20	1224
	三级队伍(无下级)	300	100	300	—	300
	四级队伍	300	100	300	—	300
200公里	一级队伍	9330	35	7980	65	8453
	二级队伍	4170	50	6450	50	5310
	三级队伍(有下级)	1590	80	4920	20	2256
	三级队伍(无下级)	300	100	300	—	300
	四级队伍	300	100	300	—	300

（六）设施设备运行维护费

一般设备，如调查取证、办案设备和部分现场处理设备等，按固定资产原值2%计；特殊设备，如码头、趸船等按固定资产原值5%计。

（七）专用材料费

根据市场调研，设立固定或流动宣传站按3000元/个计，制定宣传牌按1000元/个计。

（八）培训费

按照《关于印发〈中央和国家机关培训费管理办法〉的通知》，按三类培训标准550元/(人·天）计。

（九）咨询费

按照《建设项目前期工作咨询收费暂行规定》工程咨询人员工日费用标准，按照高级专家1000元/(人·天)、高级专业技术职称的咨询人员800元/(人·天)、工程师600元/(人·天）计。

（十）劳务费

参照《水土保持业务经费定额标准》及天津市企业聘用专业技术人员工资标准，专业技术人员按336元/工日，3763元/月计；劳工按市场价196元/工日，2438元/月计。

（十一）设备租赁费

设备租赁费可分为大中小型，8个台时为1台班，依照《水利工程维修养护定额标准（试点)》推土机台时费计，即小型478.3元/台班、中型797.0元/台班、大型1125.2元/台班，见表2-3-13。

表2-3-13　　机械台时费汇总表

序号	使用定额编号	设备名称	规格/千瓦	台时费/(元/台时)	台班费/元
1	1041	推土机	55	56.90	(56.90+62.67)÷2×8=478.3
2	1042	推土机	59	62.67	

续表

序号	使用定额编号	设备名称	规格/千瓦	台时费/(元/台时)	台班费/元
3	1043	推土机	74	88.64	(88.64+110.60)÷2×8=797.0
4	1044	推土机	88	110.60	
5	1045	推土机	103	131.50	(131.50+149.80)÷2×8=1125.2
6	1046	推土机	120	149.80	

（十二）船只运行维护费 P

船只运行维护费定额标准见表 2-3-14。

表 2-3-14　　船只运行维护费定额标准表

船只类别	主机功率/千瓦	单价/(元/公里)	P 值
大型	功率≥330	63	单价×实际行驶距离
中型	150≤功率<330	45	
小型	功率<150	25	

注：各级队伍根据所用船只的功率对应的定额标准，乘以其实际船只行驶距离，得出单次费用 P。

各类船只费用单价测算见表 2-3-15。

表 2-3-15　　船只运行维护费定额标准测算表

船只类别	科目及费用/元					年费用/元	年运行里程/公里	每公里费用/(元/公里)
	维修养护	船舶检验	年检上坞	船员费用及保险	燃油费			
长江水行政2号（大型）	34000	6000	70000	200000	255948	565948	9000	62.9
引滦局水政监察船（中型）	50000	4000	—	80000	81600	215600	4800	44.9

续表

船只类别	科目及费用/元					年费用/元	年运行里程/公里	每公里费用/(元/公里)
	维修养护	船舶检验	年检上坞	船员费用及保险	燃油费			
引滦局水政监察船（小型）	40000	1000	—	61000	57600	159600	6400	24.9

注： 1. 年检上坞费：包括上坞、驻坞约12000元、全船除锈打漆35000元（2年一次）、全船强弱电检修6000元、更换消防器材2000元、航行设备检修4000元、柴油机及传动设备检修8000元、其他附属设备维修5000元、各类税费10000元。

2. 燃油费：长江水行政2号柴油机经测算其平均耗油率为0.2千克/(小时·千瓦)，每小时耗油量为0.2千克/(小时·千瓦)×554千瓦×1小时＝110千克，按目前长江委鄂赣大队长江水行政2号执法艇每天1次1.4小时，巡江30公里，全年巡江300次计算，总时间为420小时，总公里数为9000公里。全年费用均为：110千克×420小时×5.54元/千克＝255948元。

3. 船员费用：长江水行政2号委托船舶管理公司聘用船员3人，年总费用200000元（费用组成为工资、奖金、社会保险、商业保险、劳保福利、管理费、税费等，其中船长6000元/月、轮机长5500元/月、水手5000元/月）；引滦局水政监察船按雇佣一名船员5000元/月，每年雇佣10个月计。

4. 船只保险费：分别按每年30000元（中型）和11000元（小型）计。

（十三）委托业务费

指聘请常年法律顾问，技术论证和招投标代理等对外委托的费用。

法律顾问费根据典型流域近年实际发生数调查统计分为50000元/(人·年)、30000元/(人·年)和20000元/(人·年)三档。

技术论证费按照近三年实际发生的平均数计。

招投标代理费按照每个招标事项100000元计。

（十四）其他商品和服务支出

其他商品和服务支出包括律师代理费及行政复议、诉讼中发生的费用，开展媒体宣传（含网络、平面、广播、电视、短信平台）的费用，水行政执法人员人身保险费等。结合各级水政监察队伍的实际情况，标准确定如下：

电视宣传费按照省级 20000 元/分钟、市级 10000 元/分钟、县级 5000 元/分钟计，广播费按照 2500 元/月（30 秒、120 字、4 次/天）计，短信费按照 0.1 元/条计，报刊费按照 100 元/千字计，网络宣传费按照 150 元/千字计。

水行政执法人员人身保险费按照 360 元/(人·年）计。

水行政执法人员安全防护设备费参照长江委测算结果，按照每 3 年一次，1916 元/套计。其中：防刺背心 1460 元/件、防滑鞋 82 元/双、防刺手套 78 元/套、头盔 88 元/顶、辣椒水 80 元/瓶、强光手电 128 元/个。

第三章 流域立法

根据《中共中央关于全面推进依法治国若干重大问题的决定》和有关法律、法规要求，流域管理机构依据法律法规和水利部授权，负责本单位业务范围内水法律、行政法规的起草和规章的拟订工作，负责组织编制流域层面的有关专业规划和专项规划，根据水利部立法规划及流域管理的实际需要，编制或修订流域立法规划，制定与修订水法规及流域规范性文件。

第一节 水法规制定与修订

一、立法规划编制与修订

（一）工作内容

前期调研、编制与修订流域立法规划、专家咨询、征求意见、审查、印发。

（二）定额基准值确定

（1）办公费：一级、二级队伍分别按照 40 个标准本、30 个标准本，费用分别为：40 本×50 元/本＝2000 元，30 本×50 元/本＝1500 元。

（2）印刷费：印刷 3 次，一级、二级队伍每次各印 30 本和 20 本，每本 20 标准张，费用分别为：3 次×30 本/次×20 张/本×1.52 元/张＝2736 元，3 次×20 本/次×20 张×1.52 元/张＝1824 元。

（3）邮电费：邮寄立法规划，邮寄 2 次，每次一级、二级队伍分别为 10 件和 8 件，费用分别为：2 次×10 件/次×20 元/件＝400 元，2 次×8 件/次×20 元/件＝320 元。

（4）差旅费（不带车）：根据单次不带车差旅费计算表 2-3-

11 确定一级、二级队伍费用分别为 7980 元和 6450 元。

（5）咨询费：一级、二级队伍各聘请 5 个和 3 个专家，费用分别为：5 人×1000 元/人=5000 元，3 人×1000 元/人=3000 元。

固定项小计：

一级队伍：2000 元+2736 元+400 元+7980 元+5000 元=18116 元

二级队伍：1500 元+1824 元+320 元+3000 元=6644 元

三级队伍：前四项费用按二级队伍的 2/3 计算，咨询费同二级队伍，即（1500 元+1824 元+320 元）×2/3+3000 元=5429 元。

调整项小计（调整科目为差旅费）：

二级队伍：6450 元

三级队伍（有下级）：6450 元×2/3=4300 元

三级队伍（无下级）：6450 元×2/3=4300 元

表 3-1-1　　立法规划编制与修订定额标准表

定额编号	定额项目	适用单位	单位	定额标准/元
SXZZF-1-1-1	立法规划编制与修订	一级队伍	次	18116
		二级队伍		$6644+6450\mu$
		三级队伍（有下级）		$5429+4300\mu$
		三级队伍（无下级）		$5429+4300\mu$

表 3-1-2　　立法规划编制与修订定额费用组成表　　单位：元

定额编号	SXZZF-1-1-1				
费用科目名称	一级队伍	二级队伍	三级队伍（有下级）	三级队伍（无下级）	四级队伍
办公费	2000	1500	1000	1000	—
印刷费	2736	1824	1216	1216	—
邮电费	400	320	213	213	—
差旅费	7980	6450	4300	4300	—
咨询费	5000	3000	3000	3000	—

二、水法规及流域规范性文件制定与修订

（一）主要内容

资料收集，条文起草、组织专家咨询、征求意见、组织听证（涉及社会管理及公众利益重大事项的立法）、修改完善、审查、法规建议稿上报，立法后评估，规范性文件相关调研及调研报告编制，规范性文件建议稿上报（水利部印发）或规范性文件印发（流域机构印发）、备案。

（二）定额基准值确定

(1) 办公费：一级、二级队伍均按 30 个标准本计算，费用均为 30 本×50 元/本＝1500 元。

(2) 印刷费：一级、二级队伍需印刷 2 次。其中印刷调研报告或后评估报告 1 次，各 50 个标准本和 35 个标准本，印刷水法规或规范性文件 1 次，各 50 个标准本和 35 个标准本。费用分别为：2 次×50 本/次×50 张/本×1.52 元/张＝7600 元，2 次×35 本/次×50 张/本×1.52 元/张＝5320 元。

(3) 邮电费：一级、二级队伍与省（自治区、直辖市）、部门、专家就立法工作进行沟通、邮寄相关报告，分别邮寄 3 次和 2 次，每次 10 件，费用分别为：3 次×10 件/次×20 元/件＝600 元，2 次×10 件/次×20 元/件＝400 元。

(4) 差旅费（不带车）：按照单次不带车差旅费计算表 2-3-11确定一级、二级队伍均为 6450 元（均按出差 3 天计），根据实际调研统计，一级、二级队伍不带车出行次数分别为 3 次和 2 次，费用分别为：

一级队伍：3 次×6450 元/次＝19350 元

二级队伍：2 次×6450 元/次＝12900 元

(5) 咨询费：一级、二级队伍分别按 10 人×1000 元/人＝10000 元，8 人×1000 元/人＝8000 元计算。

固定项小计：

一级队伍：1500 元＋7600 元＋600 元＋19350 元＋10000 元＝39050 元

二级队伍：1500 元＋5320 元＋400 元＋8000 元＝15220 元

调整项小计（调整科目为差旅费）：

二级队伍：12900 元

表 3-1-3　水法规及流域规范性文件制定与修订定额标准表

定额编号	定额项目	适用单位	单位	定额标准/元
SXZZF-1-1-2	水法规及流域规范性文件制定与修订	一级队伍	次	39050
		二级队伍		15220＋12900μ

表 3-1-4　水法规及流域规范性文件制定与修订定额费用组成表

单位：元

定额编号	SXZZF-1-1-2			
费用科目名称	一级队伍	二级队伍	三级队伍	四级队伍
办公费	1500	1500	—	—
印刷费	7600	5320	—	—
邮电费	600	400	—	—
差旅费	19350	12900	—	—
咨询费	10000	8000	—	—

第四章 水利普法

依据《全国人民代表大会常务委员会关于加强法制宣传教育的决议》和《全国水利系统法制宣传教育第七个五年规划》，流域管理机构作为水利部派出机构，根据水利部授权，按照“谁执法谁普法”的普法责任制的要求，依法制定本单位普法规划和年度实施方案，组织做好常规普法宣传教育和专题普法宣传教育。

第一节 常规宣传

一、普法规划制定和中期督查与验收

（一）工作内容

调研，拟定普法规划，征求意见，审查、印发普法规划，规划执行的中期督查和总结验收。

（二）定额基准值确定

（1）办公费：一级、二级队伍按照20个标准本，三级、四级队伍按照10个标准本。费用分别为：20本×50元/本＝1000元，20本×50元/本＝1000元，10本×50元/本＝500元，10本×50元/本＝500元。

（2）印刷费：印刷3次，一级、二级队伍每次各印30本和20本，每本20标准张，费用分别为：3次×30本/次×20张/本×1.52元/张＝2736元，3次×20本/次×20张/本×1.52元/张＝1824元。

（3）邮电费：与省（自治区、直辖市）、部门、专家就立法规划工作进行沟通，邮寄立法规划2次，每次一级、二级队伍分别为10件和8件，费用分别为：2次×10件/次×20元/件＝400元，2次×8件/次×20元/件＝320元。

（4）咨询费：一级、二级队伍各聘请5个和3个专家，费用分别为：5人×1000元/人=5000元，3人×1000元/人=3000元。

（5）车辆运行维护费：结合目前各级队伍实际工作情况，根据表2-3-3确定的工作距离和表2-3-5确定的带车比例，计算出各级队伍单次出行的车辆运行维护费，见表2-3-6，确定各级队伍费用分别为2206元、1734元、1134元、1418元和552元。

（6）差旅费：结合目前各级队伍实际工作情况，选取每天车辆行驶300公里带车和不带车出行综合差旅费标准，根据3人一组出行综合差旅费计算表2-3-12确定各级队伍费用分别为7098元、4665元、1224元、300元和300元。

固定项小计：

一级队伍：1000元+2736元+400元+2206元+7098元+5000元=18440元

二级队伍：1000元+1824元+320元+3000元=6144元

三级队伍（有下级）：500元

三级队伍（无下级）：500元

四级队伍：500元

调整项小计（调整科目为车辆运行维护费及差旅费）：

二级队伍：1734元+4665元=6399元

三级队伍（有下级）：1134元+1224元=2358元

三级队伍（无下级）：1418元+300元=1718元

四级队伍：552元+300元=852元

表4-1-1　普法规划制定和中期督查与验收定额标准表

定额编号	定额项目	适用单位	单位	定额标准/元
SXZZF-2-1-1	普法规划制定和中期督查与验收	一级队伍	次	18440
		二级队伍		6144+6399μ
		三级队伍（有下级）		500+2358μ
		三级队伍（无下级）		500+1718μ
		四级队伍		500+852μ

表 4-1-2　　普法规划制定和中期督查与验收定额费用组成表　　单位：元

定额编号	SXZZF-2-1-1				
费用科目名称	一级队伍	二级队伍	三级队伍（有下级）	三级队伍（无下级）	四级队伍
办公费	1000	1000	500	500	500
印刷费	2736	1824	—	—	—
邮电费	400	320	—	—	—
咨询费	5000	3000	—	—	—
车辆运行维护费	2206	1734	1134	1418	552
差旅费	7098	4665	1224	300	300

二、水法规汇编

（一）主要内容

水法规的收集、整编、印发。

（二）定额基准值确定

印刷费：一级、二级队伍分别按 500 和 200 标准本计算，费用分别为：500 本×50 张/本×1.52 元/张＝38000 元，200 本×50 张/本×1.52 元/张＝15200 元。

固定项小计：

一级队伍：38000 元

二级队伍：15200 元

表 4-1-3　　水法规汇编定额标准表

定额编号	定额项目	适用单位	单位	定额标准/元
SXZZF-2-1-2	普法规划制定和中期督查与验收	一级队伍	次	38000
		二级队伍		15200

表 4-1-4　　水法规汇编定额费用组成表　　单位：元

定额编号	SXZZF-2-1-2			
费用科目名称	一级队伍	二级队伍	三级队伍	四级队伍
印刷费	38000	15200	—	—

第二节 专题宣传

一、“世界水日”“中国水周”和“宪法宣传周”宣传

(一) 工作内容

在每年的“世界水日”“中国水周”和“宪法宣传周”组织开展相关活动，如开展媒体宣传，包括网络、平面、广播、电视等宣传；制作水法规宣传品，包括宣传画、传单、宣传册、宣传片等；开展宣传活动，包括设立固定或流动宣传站、定制宣传牌；组织座谈会、讲座、竞赛、征文、演讲、问卷、答题等。

(二) 定额基准值确定

费用测算过程如下：

(1) 办公费：一级、二级、三级、四级队伍分别按照100个、50个、20个、10个标准本确定，费用分别为：100本×50元/本=5000元，50本×50元/本=2500元，20本×50元/本=1000元，10本×50元/本=500元。

(2) 印刷费：开展媒体宣传，包括网络、平面、广播、电视宣传等，开展宣传活动，包括设立固定或流动宣传站、定制宣传牌以及组织座谈会、讲座、竞赛、征文、演讲、答题等发生的费用均换算为印制宣传画、宣传单和宣传册费用中。一级队伍按照印制宣传画200张、宣传单1000张、宣传册1000页为标准确定；二级队伍按照印制宣传画500张、宣传单2000张、宣传册500页为标准确定；三级队伍按照印制宣传画100张、宣传单1000张、宣传册100页为标准确定；四级队伍按照印制宣传单5000张为标准确定。各级队伍费用分别为：

一级队伍：200张×20元/张+1000张×0.25元/张+1000张×1.52元/张=5770元

二级队伍：500张×20元/张+2000张×0.25元/张+500张×1.52元/张=11260元

三级队伍：100张×20元/张+1000张×0.25元/张+

100 张×1.52 元/张＝2402 元

四级队伍：5000 张×0.25 元/张＝1250 元

（3）车辆运行维护费：结合目前各级队伍实际工作情况，一级、二级队伍按往返工作距离计算，根据单次出行的车辆运行维护费计算表 2－3－6 确定其费用分别为 2206 元和 1734 元。三级、四级队伍按行驶 200 公里/次，当天往返，费用均为 3.94 元/公里×200 公里＝788 元。

（4）差旅费：结合目前各级队伍实际工作情况，一级、二级队伍选取每天车辆行驶 200 公里带车和不带车出行综合差旅费标准，根据 3 人一组出行综合差旅费计算表 2－3－12 确定其费用分别为 8453 元和 5310 元。三级、四级队伍当天往返，费用均为 300 元。

固定项小计：

一级队伍：5000 元＋5770 元＋2206 元＋8453 元＝21429 元

二级队伍：2500 元＋11260 元＝13760 元

三级队伍（有下级）：1000 元＋2402 元＝3402 元

三级队伍（无下级）：1000 元＋2402 元＝3402 元

四级队伍：500 元＋1250 元＝1750 元

调整项小计（调整科目为车辆运行维护费及差旅费）：

二级队伍：1734 元＋5310 元＝7044 元

三级队伍（有下级）：1134 元＋300 元＝1434 元

三级队伍（无下级）：788 元＋300 元＝1088 元

四级队伍：788 元＋300 元＝1088 元

表 4－2－1　“世界水日”“中国水周”和“宪法宣传周”宣传定额标准表

定额编号	定额项目	适用单位	单位	定额标准/元
SXZZF－2－2－1	“世界水日”“中国水周”和“宪法宣传周”宣传	一级队伍	次	21429
		二级队伍		13760＋7044μ
		三级队伍（有下级）		3402＋1434μ
		三级队伍（无下级）		3402＋1088μ
		四级队伍		1750＋1088μ

注：此定额标准为开展 1 次“世界水日”“中国水周”或 1 次“宪法宣传周”宣传的经费标准。

表 4-2-2　　“世界水日”“中国水周”和“宪法宣传周”宣传定额费用组成表　　单位：元

定额编号	SXZZF-2-2-1				
费用科目名称	一级队伍	二级队伍	三级队伍（有下级）	三级队伍（无下级）	四级队伍
办公费	5000	2500	1000	1000	500
印刷费	5770	11260	2402	2402	1250
车辆运行维护费	2206	1734	788	788	788
差旅费	8453	5310	300	300	300

二、新法规及规范性文件宣贯和法规纪念日宣传

（一）主要内容

开展媒体宣传，包括网络、平面、广播、电视宣传等；制作水法规宣传品，包括宣传画、传单、宣传册、宣传片等；开展宣传活动，包括设立固定或流动宣传站、定制宣传牌；组织座谈会、讲座、竞赛、征文、演讲、问卷、答题等；与其他单位联合开展专题宣传活动等。

（二）定额基准值确定

费用测算过程如下：

（1）办公费：一级、二级、三级、四级队伍分别按照 40 个标准本、10 个标准本、4 个标准本、2 个标准本确定。费用分别为：40 本×50 元/本＝2000 元，10 本×50 元/本＝500 元，4 本×50 元/本＝200 元，2 本×50 元/本＝100 元。

（2）印刷费：开展媒体宣传，包括网络、平面、广播、电视等媒体宣传，开展宣传活动，包括设立固定或流动宣传站、定制宣传牌以及组织座谈会、讲座、竞赛、征文、演讲、问卷、答题等发生的费用均换算为印制宣传画、宣传单和宣传册中。一级队伍按照印制宣传画 1000 张，宣传单 5000 张、宣传册 5000 页为标准确定；二级队伍按照印制宣传画 100 张、宣传单 1000 张，宣传册 500 页为标准确定；三级队伍按照印制宣传画 50 张、宣

传单 500 张，宣传册 50 页为标准确定；四级队伍按照印制宣传画 20 张、宣传单 500 张，宣传册 50 页为标准确定。各级队伍费用分别为：

一级队伍：1000 张×20 元/张＋5000 张×0.25 元/张＋5000 张×1.52 元/张＝28850 元

二级队伍：100 张×20 元/张＋1000 张×0.25 元/张＋500 张×1.52 元/张＝3010 元

三级队伍：50 张×20 元/张＋500 张×0.25 元/张＋50 张×1.52 元/张＝1201 元

四级队伍：20 张×20 元/张＋500 张×0.25 元/张＋50 张×1.52 元/张＝601 元

车辆运行维护费：结合目前各级队伍实际工作情况，工作距离分别按 100 公里、100 公里、200 公里和 200 公里计算，各级队伍费用分别为：

一级队伍：100 公里×3.94 元/公里＝394 元

二级队伍：100 公里×3.94 元/公里＝394 元

三级队伍：200 公里×3.94 元/公里＝788 元

四级队伍：200 公里×3.94 元/公里＝788 元

（3）差旅费：三级、四级队伍按照当天往返计算，费用均为 3 人×1 天×100/（人・天）＝300 元。

固定项小计：

一级队伍：2000 元＋28850 元＋394 元＝31244 元

二级队伍：500 元＋3010 元＝3510 元

三级队伍：200 元＋1201 元＝1401 元

四级队伍：100 元＋601 元＝701 元

调整项小计（调整科目为车辆运行维护费及差旅费）：

二级队伍：394 元

三级队伍（有下级）：788 元＋300 元＝1088 元

三级队伍（无下级）：788 元＋300 元＝1088 元

四级队伍：788 元＋300 元＝1088 元

表 4-2-3　新法规及规范性文件宣贯和法规纪念日宣传定额标准表

定额编号	定额项目	适用单位	单位	定额标准/元
SXZZF-2-2-2	新法规及规范性文件宣贯和法规纪念日宣传	一级队伍	次	31244
		二级队伍		3510＋394μ
		三级队伍（有下级）		1401＋1088μ
		三级队伍（无下级）		1401＋1088μ
		四级队伍		701＋1088μ

表 4-2-4　新法规及规范性文件宣贯和法规纪念日宣传定额费用组成表

单位：元

定额编号	SXZZF-2-2-2			
费用科目名称	一级队伍	二级队伍	三级队伍	四级队伍
办公费	2000	500	200	100
印刷费	28850	3010	1201	601
车辆运行维护费	394	394	788	788
差旅费	—	—	300	300

第五章 流域执法

流域管理机构是水利部的派出机构，依据《中华人民共和国水法》《中华人民共和国防洪法》《中华人民共和国水土保持法》《中华人民共和国河道管理条例》《取水许可和水资源费征收管理条例》等法律法规的规定和水利部的授权，行使执法检查、行政处罚、行政强制等执法职能，承担中央直接管理的河道、湖泊、水库及省际边界河段和中央管理的水事活动的执法任务。

第一节 执法巡查或检查

一、执法巡查或检查

（一）工作内容

对管辖内河道、湖泊、水库、省际边界河段等范围内的涉水活动开展执法巡查或检查，发现违法行为，依法责令停止违法行为，建立执法台账，对适用简易程序的案件进行现场查处。

（二）定额基准值确定

车辆运行维护费：结合目前各级队伍实际工作情况，根据表2-3-3确定的工作距离和表2-3-5确定的带车比例，计算出各级队伍单次出行的车辆运行维护费，详见表2-3-6，确定各级队伍费用分别为2206元、1734元、1134元、1418元和552元。

差旅费：结合目前各级队伍实际工作情况，选取每天车辆行驶200公里差旅费标准和不带车出行综合差旅费，根据3人一组出行综合差旅费计算表 2-3-12 确定各级队伍费用分别为 8453 元、5310 元、2256 元、300 元和 300 元。

船只运行维护费（可选项）：按大、中、小型单价乘以实际行驶距离计。

固定项小计：

一级队伍：2206 元+8453 元=10659 元

调整项小计（调整科目为车辆运行维护费及差旅费）：

二级队伍：1734 元+5310 元=7044 元

三级队伍（有下级）：1134 元+2256 元=3390 元

三级队伍（无下级）：1418 元+300 元=1718 元

四级队伍：552 元+300 元=852 元

表 5-1-1　　执法巡查或检查定额标准表

定额编号	定额项目	适用单位	单位	定额标准/元
SXZZF-3-1-1	执法巡查或检查	一级队伍	次	$10659+P$
		二级队伍		$7044\mu+P$
		三级队伍（有下级）		$3390\mu+P$
		三级队伍（无下级）		$1718\mu+P$
		四级队伍		$852\mu+P$

注：队伍提级使用定额标准原则：1. 与一级队伍坐落在同一城市的三级队伍（闸所、泵站类队伍除外）可提级使用一级队伍定额标准；2. 往返工作距离≥1600 公里的队伍可提级使用一级队伍定额标准；3. 880 公里≤往返工作距离<1600 公里的三级队伍可提级使用二级队伍定额标准。

表 5-1-2　　执法巡查或检查定额费用组成表　　单位：元

定额编号	SXZZF-3-1-1				
费用科目名称	一级队伍	二级队伍	三级队伍（有下级）	三级队伍（无下级）	四级队伍
车辆运行维护费	2206	1734	1134	1418	552
差旅费	8453	5310	2256	300	300

第二节 案件查处

一、水事案件调查和取证

（一）工作内容

针对违法行为进行登记立案，现场勘验、收集证据、证据保存（保全）、制作笔录，确定违法行为的事实、性质、情节及社会危害程度。

（二）定额基准值确定

（1）办公费：按每个案件3个标准本确定，费用均为3本×50元/本＝150元。

（2）车辆运行维护费：按每个案件去现场3次计算，但考虑到案发地点的随机性，距离按巡查2次的距离计算，各级队伍费用分别为：

一级队伍：2次×2206元/次＝4412元

二级队伍：2次×1734元/次＝3468元

三级队伍（有下级）：2次×1134元/次＝2268元

三级队伍（无下级）：2次×1418元/次＝2836元

四级队伍：2次×552元/次＝1104元

（3）差旅费（带车）：根据目前各级队伍实际工作情况，选取每天车辆行驶200公里差旅费，一级队伍和二级队伍、三级队伍（有下级）按照巡查的2倍计算，费用分别为：

一级队伍：2×9330元＝18660元

二级队伍：2×4170元＝8340元

三级队伍（有下级）：2×1590元＝3180元

三级（无下级）和四级队伍按每个案件去现场3次计算，根据表2-3-12确定，费用分别为：

三级队伍（无下级）：3次×300元/次＝900元

四级队伍：3次×300元/次＝900元

（4）差旅费（不带车）：各级队伍出差天数分别按6天、5天、

3 天（有下级队伍）计算，费用分别为：

一级队伍：3 人×950 元/人＋3 人×6 天×100 元/(人·天)＋3 人×6 天×80 元/(人·天)＋3 人×5 天×330 元/(人·天)＝11040 元

二级队伍：3 人×950 元/人＋3 人×5 天×100 元/(人·天)＋3 人×5 天×80 元/(人·天)＋3 人×4 天×330 元/(人·天)＝9510 元

三级队伍（有下级）：3 人×950 元/人＋3 人×3 天×100 元/(人·天)＋3 人×3 天×80 元/(人·天)＋3 人×2 天×330 元/(人·天)＝6450 元

(5) 差旅费：根据带车比例确定表 2-3-5，费用分别为：

一级队伍：18660 元×35%＋11040 元×65%＝13707 元

二级队伍：8340 元×50%＋9510 元×50%＝8925 元

三级队伍（有下级队伍）：3180 元×80%＋6450 元×20%＝3834 元

三级队伍（无下级队伍）：900 元×100%＝900 元

四级队伍：900 元×100%＝900 元

(6) 船只运行维护费（可选项）：按照大、中、小船单价乘以实际行驶距离计。

固定项小计：

一级队伍：150 元＋4413 元＋13707 元＝18270 元

二级队伍：150 元

三级队伍（有下级）：150 元

三级队伍（无下级）：150 元

四级队伍：150 元

调整项小计（调整科目为车辆运行维护费及差旅费）：

二级队伍：3467 元＋8925 元＝12392 元

三级队伍（有下级）：2269 元＋3834 元＝6103 元

三级队伍（无下级）：2836 元＋900 元＝3736 元

四级队伍：1104 元＋900 元＝2004 元

表 5-2-1　　水事案件调查和取证定额标准表

定额编号	定额项目	适用单位	单位	定额标准/元
SXZZF-3-2-1	水事案件调查和取证	一级队伍	次	18270＋P
		二级队伍		150＋12392μ＋P
		三级队伍（有下级）		150＋6103μ＋P
		三级队伍（无下级）		150＋3736μ＋P
		四级队伍		150＋2004μ＋P

表 5-2-2　　水事案件调查和取证定额费用组成表　　单位：元

定额编号	SXZZF-3-2-1				
费用科目名称	一级队伍	二级队伍	三级队伍（有下级）	三级队伍（无下级）	四级队伍
办公费	150	150	150	150	150
车辆运行维护费	4413	3467	2269	2836	1104
差旅费	13707	8925	3834	900	900

二、行政处罚决定执行及整改措施落实

（一）工作内容

作出警告、罚款、吊销许可证、没收非法所得及法律法规规定的其他水行政处罚，执行行政处罚决定，督办整改措施落实。

（二）定额基准值确定

邮电费：一级、二级队伍按邮寄一件 20 元计算，费用均为 1 件×20 元/件＝20 元。

车辆运行维护费：结合目前各级队伍实际工作情况，根据表 2-3-3 确定的工作距离和表 2-3-5 确定的带车比例，计算出各级队伍单次出行的车辆运行维护费，见表 2-3-6，确定各级队伍费用分别为 2206 元、1734 元、1134 元、1418 元和 552 元。

差旅费：结合目前各级队伍实际工作情况，选取每天车辆行驶 300 公里带车和不带车出行综合差旅费标准，根据 3 人一组出行综合差旅费计算表 2-3-12 确定各级队伍费用分别为

7098 元、4665 元、1224 元、300 元和 300 元。

固定项小计：

一级队伍：20 元＋2206 元＋7098 元＝9324 元

二级队伍：20 元

调整项小计（调整科目为车辆运行维护费及差旅费）：

二级队伍：1734 元＋4665 元＝6399 元

三级队伍（有下级）：1134 元＋1224 元＝2358 元

三级队伍（无下级）：1418 元＋300 元＝1718 元

四级队伍：552 元＋300 元＝852 元

表 5-2-3　　行政处罚决定执行及整改措施落实定额标准表

定额编号	定额项目	适用单位	单位	定额标准/元
SXZZF-3-2-2	行政处罚决定执行及整改措施落实	一级队伍	次	9324
		二级队伍		20＋6399μ
		三级队伍（有下级）		2358μ
		三级队伍（无下级）		1718μ
		四级队伍		852μ

表 5-2-4　　行政处罚决定执行及整改措施落实定额费用组成表

单位：元

定额编号	SXZZF-3-2-2				
费用科目名称	一级队伍	二级队伍	三级队伍（有下级）	三级队伍（无下级）	四级队伍
邮电费	20	20	—	—	—
车辆运行维护费	2206	1734	1134	1418	552
差旅费	7098	4665	1224	300	300

三、行政强制

（一）工作内容

采取依法查封场所、设施等行政强制措施，组织实施排除妨碍、恢复原状、代履行等行政强制执行（包括申请法院强制执行，雇佣人员及其有关设备等）。

（二）定额基准值确定

（1）办公费：各级队伍分别按10个、6个、4个和2个标准本计算，费用分别为：10本×50元/本＝500元，6本×50元/本＝300元，4本×50元/本＝200元，2本×50元/本＝100元。

（2）邮电费：一级、二级队伍按邮寄一件20元计算，费用均为1件×20元/件＝20元。

（3）劳务费（小型简易违法工程拆除雇佣劳工）：三级队伍按雇佣劳工10人1天，即10人×1天×196元/(人·天)＝1960元计算，四级队伍5人1天，即5人×1天×196元/(人·天)＝980元计算。

（4）车辆运行维护费：结合目前各级队伍实际工作情况，根据表2-3-3确定的工作距离和表2-3-5确定的带车比例，计算出各级队伍单次出行的车辆运行维护费，见表2-3-6，确定各级队伍费用分别为2206元、1734元、1134元、1418元和552元。

（5）差旅费：结合目前各级队伍实际工作情况，选取每天车辆行驶300公里带车和不带车出行综合差旅费标准，根据3人一组出行综合差旅费计算表2-3-12确定各级队伍费用分别为7098元、4665元、1224元、300元和300元。

（6）船只运行维护费（可选项）：按大、中、小型单价乘以实际行驶距离计。

固定项小计：

一级队伍：500元＋20元＋2206元＋7098元＝9824元

二级队伍：300元＋20元＝320元

三级队伍（有下级）：200元＋1960元＝2160元

三级队伍（无下级）：200元＋1960元＝2160元

四级队伍：100元＋980元＝1080元

调整项小计（调整科目为车辆运行维护费及差旅费）：

二级队伍：1734 元＋4665 元＝6399 元

三级队伍（有下级）：1134 元＋1224 元＝2358 元

三级队伍（无下级）：1418 元＋300 元＝1718 元

四级队伍：552 元＋300 元＝852 元

表 5-2-5　　　　行政强制定额标准表

定额编号	定额项目	适用单位	单位	定额标准/元
SXZZF-3-2-3	行政强制	一级队伍	次	$9824+P$
		二级队伍		$320+6399\mu+P$
		三级队伍（有下级）		$2160+2358\mu+P$
		三级队伍（无下级）		$2160+1718\mu+P$
		四级队伍		$1080+852\mu+P$

表 5-2-6　　　　行政强制定额费用组成表　　　　单位：元

定额编号	SXZZF-3-2-3				
费用科目名称	一级队伍	二级队伍	三级队伍（有下级）	三级队伍（无下级）	四级队伍
办公费	500	300	200	200	100
邮电费	20	20	—	—	—
车辆运行维护费	2206	1734	1134	1418	552
差旅费	7098	4665	1224	300	300
劳务费	—	—	1960	1960	980
租赁费					

四、听证和行政复议与诉讼

（一）工作内容

受理听证，发布听证通告，召开听证会议，制作笔录，提出听证意见；受理行政复议申请，现场调查，做出行政复议决定，印制送达法律文书；配合上级机关完成行政复议相关工作；配合司法机关完成行政诉讼活动，包括核实情况、应诉、举证等。

（二）定额基准值确定

（1）办公费：各级队伍分别按照10个、7个、5个和3个标准本计算，费用分别为：10本×50元/本＝500元，7本×50元/本＝350元，5本×50元/本＝250元，3本×50元/本＝150元。

（2）邮电费：一级、二级队伍按邮寄一件20元计算，费用均为1件×20元/件＝20元。

（3）车辆运行维护费：考虑到既可能到案件现场进行调查，又有可能配合上级机关完成行政复议相关工作或配合司法机关完成行政诉讼活动（核实情况、应诉、举证）。各级队伍按其平均工作距离的3倍计算，费用分别为：

一级队伍：3×800公里×3.94元/公里＝9456元

二级队伍：3×440公里×3.94元/公里＝5201元

三级队伍：3×180公里×3.94元/公里＝2128元

四级队伍：3×70公里×3.94元/公里＝827元

按照前述原则乘以各自带车比例，费用分别为：

一级队伍：35%×9456元＝3310元

二级队伍：50%×5201元＝2601元

三级队伍（有下级）：80%×2128元＝1702元

三级队伍（无下级）：100%×2128元＝2128元

四级队伍：100%×827元＝827元

（4）差旅费：结合目前各级队伍实际工作情况，选取每天车辆行驶300公里带车和不带车出行综合差旅费标准的1.5倍（综合考虑一般在行政机关所在地，涉及人数较少，采取1.5倍系数确定此项费用），根据3人一组出行综合差旅费计算表2-3-12确定各级队伍费用分别为：

一级队伍：1.5×7098元＝10647元

二级队伍：1.5×4665元＝6998元

三级队伍（有下级）：1.5×1224元＝1836元

三级队伍（无下级）：1.5×300元＝450元

四级队伍：1.5×300元＝450元

(5) 船只运行维护费（可选项）：按大、中、小型单价乘以实际行驶距离计。

固定项小计：

一级队伍：500 元＋20 元＋3310 元＋10647 元＝14477 元

二级队伍：350 元＋20 元＝370 元

三级队伍（有下级）：250 元

三级队伍（无下级）：250 元

四级队伍：150 元

调整项小计（调整科目为车辆运行维护费及差旅费）：

二级队伍：2601 元＋6998 元＝9599 元

三级队伍（有下级）：1702 元＋1836 元＝3538 元

三级队伍（无下级）：2128 元＋450 元＝2578 元

四级队伍：827 元＋450 元＝1277 元

表 5-2-7　　听证和行政复议与诉讼定额标准表

定额编号	定额项目	适用单位	单位	定额标准/元
SXZZF-3-2-4	听证和行政复议与诉讼	一级队伍	次	14477＋P
		二级队伍		370＋9599μ＋P
		三级队伍（有下级）		250＋3538μ＋P
		三级队伍（无下级）		250＋2578μ＋P
		四级队伍		150＋1277μ＋P

表 5-2-8　　听证和行政复议与诉讼定额费用组成表　　单位：元

定额编号	SXZZF-3-2-4				
费用科目名称	一级队伍	二级队伍	三级队伍（有下级）	二级队伍（无下级）	四级队伍
办公费	500	350	250	250	150
邮电费	20	20	—	—	—
车辆运行维护费	3310	2601	1702	2128	827
差旅费	10647	6998	1836	450	450

第三节　专 项 执 法

一、专项整治

（一）工作内容

依据上级部门的工作部署或联合地方政府及其部门组织开展河湖执法、水资源管理、采砂执法、涉河建设项目等专项执法及相关违法行为的专项整治活动。

（二）定额基准值确定

（1）办公费：各级队伍分别按 10 个、6 个、4 个和 2 个标准本计算，费用分别为：10 本×50 元/本＝500 元，6 本×50 元/本＝300 元，4 本×50 元/本＝200 元，2 本×50 元/本＝100 元。

（2）车辆运行维护费：结合目前各级队伍实际工作情况，根据表 2-3-3 确定的工作距离和表 2-3-5 确定的带车比例，计算出各级队伍单次出行的车辆运行维护费，见表 2-3-6，确定各级队伍费用分别为 2206 元、1734 元、1134 元、1418 元和 552 元。

（3）差旅费：结合目前各级队伍实际工作情况，选取每天车辆行驶 300 公里带车和不带车出行综合差旅费标准，根据 3 人一组出行综合差旅费计算表 2-3-12 确定各级队伍费用分别为 7098 元、4665 元、1224 元、300 元和 300 元。

（4）船只运行维护费（可选项）：按大、中、小型单价乘以实际行驶距离计。

固定项小计：

一级队伍：500 元＋2206 元＋7098 元＝9804 元

二级队伍：300 元

三级队伍（有下级）：200 元

三级队伍（无下级）：200 元

四级队伍：100 元

调整项小计（调整科目为车辆运行维护费及差旅费）：

二级队伍：1734 元＋4665 元＝6399 元

三级队伍（有下级）：1134 元＋1224 元＝2358 元

三级队伍（无下级）：1418 元＋300 元＝1718 元

四级队伍：552 元＋300 元＝852 元

表 5-3-1　　　　专项整治定额标准表

定额编号	定额项目	适用单位	单位	定额标准/元
SXZZF-3-3-1	专项整治	一级队伍	次	9804＋P
		二级队伍		300＋6399μ＋P
		三级队伍（有下级）		200＋2358μ＋P
		三级队伍（无下级）		200＋1718μ＋P
		四级队伍		100＋852μ＋P

注：开展 1 次“河湖执法”等的经费标准，开展 1 次“水资源管理”“采砂执法”“涉河建设项目”等专项执法定额标准亦同。

表 5-3-2　　　　专项整治定额费用组成表　　　　单位：元

定额编号	SXZZF-3-3-1				
费用科目名称	一级队伍	二级队伍	三级队伍（有下级）	三级队伍（无下级）	四级队伍
办公费	500	300	200	200	100
车辆运行维护费	2206	1734	1134	1418	552
差旅费	7098	4665	1224	300	300

第四节　执 法 督 查

一、执法督查

（一）工作内容

对执法巡查、案件查处和专项执法活动中发现的重大水事违法案件查处情况以及依法作出的行政处罚决定、整改决定的执行情况进行现场督查、挂牌督办、严格查处，必要时申请上级主管部门重点督查。

（二）定额基准值确定

（1）办公费：各级队伍分别按10个、6个、4个和2个标准本计算，费用分别为：10本×50元/本=500元，6本×50元/本=300元，4本×50元/本=200元，2本×50元/本=100元。

（2）车辆运行维护费：结合目前各级队伍实际工作情况，根据表2-3-3确定的工作距离和表2-3-5确定的带车比例，计算出各级队伍单次出行的车辆运行维护费，见表2-3-6，确定各级队伍费用分别为2206元、1734元、1134元、1418元和552元。

（3）差旅费：结合目前各级队伍实际工作情况，选取每天车辆行驶300公里带车和不带车出行综合差旅费标准，根据3人一组出行综合差旅费计算表2-3-12确定各级队伍费用分别为7098元、4665元、1224元、300元和300元。

（4）船只运行维护费（可选项）：按大、中、小型单价乘以实际行驶距离计。

固定项小计：

一级队伍：500元+2206元+7098元=9804元

二级队伍：300元

三级队伍（有下级）：200元

调整项小计（调整科目为车辆运行维护费及差旅费）：

二级队伍：1734元+4665元=6399元

三级队伍（有下级）：1134元+1224元=2358元

表5-4-1　　执法督查定额标准表

定额编号	定额项目	适用单位	单位	定额标准/元
SXZZF-3-4-1	执法督查	一级队伍	次	9804+P
		二级队伍		300+6399μ+P
		三级队伍（有下级）		200+2358μ+P

表 5-4-2　　　执法督查定额费用组成表　　　单位：元

定额编号	SXZZF-3-4-1				
费用科目名称	一级队伍	二级队伍	三级队伍（有下级）	三级队伍（无下级）	四级队伍
办公费	500	300	200	—	—
车辆运行维护费	2206	1734	1134	—	—
差旅费	7098	4665	1224	—	—

第五节　法 律 顾 问

一、法律顾问

（一）工作内容

聘请常年法律顾问，在日常水行政执法工作中提出法律意见，提高执法水平。

表 5-5-1　　　法律顾问定额标准表

定额编号	定额项目	适用队伍属地	单位	定额标准/元
SXZZF-3-5-1	法律顾问	直辖市、省会城市或流域管理机构驻地	人·年	50000
		地级市		30000
		县级市及以下地区		20000

第六章　省际水事矛盾纠纷预防与调处

依据《中华人民共和国水法》《省际水事纠纷预防和处理办法》和流域管理机构“三定”方案的相关规定，流域管理机构承担管辖范围内省际水事矛盾纠纷的预防和调处工作。

第一节　预 防 与 调 处

一、排查化解

（一）主要内容

开展省际边界河段水事矛盾纠纷排查，建立矛盾纠纷台账。对出现水事矛盾苗头的及时就地化解；对一时难以化解的矛盾纠纷提出处置措施，防止矛盾纠纷激化、扩大。

（二）定额基准值确定

（1）办公费：各级队伍分别按 10 个、5 个、2 个和 2 个标准本，费用分别为：10 本×50 元/本＝500 元，5 本×50 元/本＝250 元，2 本×50 元/本＝100 元，2 本×50 元/本＝100 元。

（2）印刷费：各级队伍需印刷排查化解活动方案和总结报告各 1 次，每次分别为 20 本、15 本、10 本和 10 本，每本 20 标准张，费用分别为：2 次×20 本/次×20 张/本×1.52 元/张＝1216 元，2 次×15 本/次×20 张/本×1.52 元/张＝912 元，2 次×10 本/次×20 张/本×1.52 元/张＝608 元，2 次×10 本/次×20 张/本×1.52 元/张＝608 元。

（3）邮电费：各级队伍与省（自治区、直辖市）有关部门就排查化解安排进行沟通并邮寄排查化解活动方案，邮寄 2 次，各级队伍累计分别按邮寄 10 件、10 件、5 件和 5 件计算，费用分别为：10 件×20 元/件＝200 元，10 件×20 元/件＝200 元，5 件×

20 元/件＝100 元，5 件×20 元/件＝100 元。

（4）车辆运行维护费：结合目前各级队伍实际工作情况，根据表 2－3－3 确定的工作距离和表 2－3－5 确定的带车比例，计算出各级队伍单次出行的车辆运行维护费，见表 2－3－6，确定各级队伍费用分别为 2206 元、1734 元、1134 元、1418 元和 552 元。

（5）差旅费：结合目前各级队伍实际工作情况，选取每天车辆行驶 300 公里带车和不带车出行综合差旅费标准，根据 3 人一组出行综合差旅费计算表 2－3－12 确定各级队伍费用分别为 7098 元、4665 元、1224 元、300 元和 300 元。

固定项小计：

一级队伍：500 元＋1216 元＋200 元＋2206 元＋7098 元＝11220 元

二级队伍：250 元＋912 元＋200 元＝1362 元

三级队伍（有下级）：100 元＋608 元＋100 元＝808 元

三级队伍（无下级）：100 元＋608 元＋100 元＝808 元

四级队伍：100 元＋608 元＋100 元＝808 元

调整项小计（调整科目为车辆运行维护费及差旅费）：

二级队伍：1734 元＋4665 元＝6399 元

三级队伍（有下级）：1134 元＋1224 元＝2358 元

三级队伍（无下级）：1418 元＋300 元＝1718 元

四级队伍：552 元＋300 元＝852 元

表 6－1－1　　排查化解定额标准表

定额编号	定额项目	适用单位	单位	定额标准/元
SXZZF－4－1－1	排查化解	一级队伍	次	11220＋P
		二级队伍		1362＋6399μ＋P
		三级队伍（有下级）		808＋2358μ＋P
		三级队伍（无下级）		808＋1718μ＋P
		四级队伍		808＋852μ＋P

注：队伍提级使用定额标准原则：1. 与一级队伍坐落在同一城市的三级队伍（闸所、泵站类队伍除外）可提级使用一级队伍定额标准；2. 往返工作距离≥1600 公里的队伍可提级使用一级队伍定额标准；3. 880 公里≤往返工作距离＜1600 公里的三级队伍可提级使用二级队伍定额标准。

表 6-1-2　　排查化解定额费用组成表　　单位：元

定额编号	SXZZF-4-1-1				
费用科目名称	一级队伍	二级队伍	三级队伍（有下级）	三级队伍（无下级）	四级队伍
办公费	500	250	100	100	100
印刷费	1216	912	608	608	608
邮电费	200	200	100	100	100
车辆运行维护费	2206	1734	1134	1418	552
差旅费	7098	4665	1224	300	300

二、现场调查

（一）工作内容

组织专家和有关人员进行现场查勘，召集相关人员座谈，调查核实情况，提出处置措施，防止纠纷激化、扩大。

（二）定额基准值确定

（1）车辆运行维护费：结合目前各级队伍实际工作情况，根据表 2-3-3 确定的工作距离和表 2-3-5 确定的带车比例，计算出各级队伍单次出行的车辆运行维护费，见表 2-3-6，确定各级队伍费用分别为 2206 元、1734 元、1134 元、1418 元和 552 元。

（2）差旅费：结合目前各级队伍实际工作情况，选取每天车辆行驶 300 公里带车和不带车出行综合差旅费标准，根据 3 人一组出行综合差旅费计算表 2-3-12 确定各级队伍费用分别为 7098 元、4665 元、1224 元、300 元和 300 元。

固定项小计：

一级队伍：2206 元＋7098 元＝9304 元

调整项小计（调整科目为车辆运行维护费及差旅费）：

二级队伍：1734 元＋4665 元＝6399 元

三级队伍（有下级）：1134 元＋1224 元＝2358 元

三级队伍（无下级）：1418 元＋300 元＝1718 元

四级队伍：552 元＋300 元＝852 元

表 6－1－3　　现场调查定额标准表

定额编号	定额项目	适用单位	单位	定额标准/元
SXZZF－4－1－2	现场调查	一级队伍	次	$9304+P$
		二级队伍		$6399\mu+P$
		三级队伍（有下级）		$2358\mu+P$
		三级队伍（无下级）		$1718\mu+P$
		四级队伍		$852\mu+P$

注：队伍提级使用定额标准原则：1. 与一级队伍坐落在同一城市的三级队伍（闸所、泵站类队伍除外）可提级使用一级队伍定额标准；2. 往返工作距离≥1600 公里的队伍可提级使用一级队伍定额标准；3. 880 公里≤往返工作距离＜1600 公里的三级队伍可提级使用二级队伍定额标准。

表 6－1－4　　现场调查定额费用组成表　　单位：元

定额编号	SXZZF－4－1－2				
费用科目名称	一级队伍	二级队伍	三级队伍（有下级）	三级队伍（无下级）	四级队伍
车辆运行维护费	2206	1734	1134	1418	552
差旅费	7098	4665	1224	300	300

三、技术论证

（一）工作内容

收集资料，委托第三方开展水事纠纷的影响分析，提出技术成果，组织专家论证。

（二）定额基准值确定

各级队伍根据近三年实际发生平均值确定。

表 6－1－5　　技术论证定额标准表

定额编号	定额项目	适用单位	单位	定额标准/元
SXZZF－4－1－3	技术论证	各级队伍	年	根据近 3 年实际发生平均值确定

四、协调与处理

（一）工作内容

召集有关地方人民政府、有关水行政主管部门开展协调；提出调处意见，形成调处协议、纪要等；做出处理决定；组织制定协调处理应急方案和临时处置措施，包括工程措施和非工程措施等。

（二）定额基准值确定

（1）办公费：各级队伍分别按 10 个、10 个、4 个和 2 个标准本计算，费用分别为：10 本×50 元/本＝500 元，10 本×50 元/本＝500 元，4 本×50 元/本＝200 元，2 本×50 元/本＝100元。

（2）邮电费：一级、二级队伍将协调方案和实施处理方案邮寄给省（市）、地区人民政府、水行政主管部门，分别为 10 件和 6 件，费用分别为：10 件×20 元/件＝200 元，6 件×20 元/件＝120 元。

（3）车辆运行维护费：结合目前各级队伍实际工作情况，根据表 2-3-3 确定的工作距离和表 2-3-5 确定的带车比例，计算出各级队伍单次出行的车辆运行维护费，见表 2-3-6，确定各级队伍费用分别为 2206 元、1734 元、1134 元、1418 元和 552 元。

（4）差旅费：结合目前各级队伍实际工作情况，选取每天车辆行驶 300 公里带车和不带车出行综合差旅费标准，根据 3 人一组出行综合差旅费计算表 2-3-12 确定各级队伍费用分别为 7098 元、4665 元、1224 元、300 元和 300 元。

（5）咨询费：一级、二级队伍按分别聘请专家 7 人和 5 人计，费用分别为：7 人×1000 元/人＝7000 元，5 人×1000 元/人＝5000 元。

（6）船只运行维护费（可选项），按大、中、小型单价乘以实际行驶距离计。

固定项小计：

一级队伍：500 元＋200 元＋2206 元＋7098 元＋7000 元＝

17004 元

二级队伍：500 元+120 元+5000 元=5620 元

三级队伍（有下级）：200 元

三级队伍（无下级）：200 元

四级队伍：100 元

调整项小计（调整科目为车辆运行维护费及差旅费）：

二级队伍：1734 元+4665 元=6399 元

三级队伍（有下级）：1134 元+1224 元=2358 元

三级队伍（无下级）：1418 元+300 元=1718 元

四级队伍：552 元+300 元=852 元

表 6-1-6　　协调与处理定额标准表

定额编号	定额项目	适用单位	单位	定额标准/元
SXZZF-4-1-4	协调与处理	一级队伍	次	$17004+P$
		二级队伍		$5620+6399\mu+P$
		三级队伍（有下级）		$200+2358\mu+P$
		三级队伍（无下级）		$200+1718\mu+P$
		四级队伍		$100+852\mu+P$

注： 队伍提级使用定额标准原则：1. 与一级队伍坐落在同一城市的三级队伍（闸所、泵站类队伍除外）可提级使用一级队伍定额标准；2. 往返工作距离≥1600 公里的队伍可提级使用一级队伍定额标准；3. 880 公里≤往返工作距离<1600 公里的三级队伍可提级使用二级队伍定额标准。

表 6-1-7　　协调与处理定额费用组成表　　单位：元

定额编号	SXZZF-4-1-4				
费用科目名称	一级队伍	二级队伍	三级队伍（有下级）	三级队伍（无下级）	四级队伍
办公费	500	500	200	200	100
邮电费	200	120	—	—	—
车辆运行维护费	2206	1734	1134	1418	552
差旅费	7098	4665	1224	300	300
咨询费	7000	5000	—	—	—

五、跟踪督办

（一）主要内容

监督检查协调方案、协议或处理决定的落实情况。

（二）定额基准值确定

（1）车辆运行维护费：结合目前各级队伍实际工作情况，根据表2-3-3确定的工作距离和表2-3-5确定的带车比例，计算出各级队伍单次出行的车辆运行维护费，见表2-3-6，确定各级队伍费用分别为2206元、1734元、1134元、1418元和552元。

（2）差旅费：结合目前各级队伍实际工作情况，选取每天车辆行驶300公里带车和不带车出行综合差旅费标准，根据3人一组出行综合差旅费计算表2-3-12确定各级队伍费用分别为7098元、4665元、1224元、300元和300元。

（3）船只运行维护费（可选项）：按大、中、小型单价乘以实际行驶距离计。

固定项小计：

一级队伍：2206元＋7098元＝9304元

调整项小计（调整科目为车辆运行维护费及差旅费）：

二级队伍：1734元＋4665元＝6399元

三级队伍（有下级）：1134元＋1224元＝2358元

三级队伍（无下级）：1418元＋300元＝1718元

四级队伍：552元＋300元＝852元

表6-1-8　　跟踪督办定额标准表

定额编号	定额项目	适用单位	单位	定额标准/元
SXZZF-4-1-5	跟踪督办	一级队伍	次	$9304+P$
		二级队伍		$6399\mu+P$
		三级队伍（有下级）		$2358\mu+P$
		三级队伍（无下级）		$1718\mu+P$
		四级队伍		$852\mu+P$

注： 队伍提级使用定额标准原则：1. 与一级队伍坐落在同一城市的三级队伍（闸所、泵站类队伍除外）可提级使用一级队伍定额标准；2. 往返工作距离≥1600公里的队伍可提级使用一级队伍定额标准；3. 880公里≤往返工作距离＜1600公里的三级队伍可提级使用二级队伍定额标准。

表 6-1-9　　跟踪督办定额费用组成表　　单位：元

定额编号	SXZZF-4-1-5				
费用科目名称	一级队伍	二级队伍	三级队伍（有下级）	三级队伍（无下级）	四级队伍
车辆运行维护费	2206	1734	1134	1418	552
差旅费	7098	4665	1224	300	300

第七章　行政许可及管理

流域管理机构是水利部的派出机构，依据《中华人民共和国行政许可法》《中华人民共和国水法》《中华人民共和国防洪法》《中华人民共和国河道管理条例》《长江河道采砂管理条例》《水行政许可实施办法》等法律法规的规定和水利部的授权，行使河道管理范围内建设项目工程建设方案审批、河道管理范围内有关活动审批以及吹填（整治）工程审批及监督管理等权力。

第一节　行政许可归口管理

一、许可窗口服务

（一）工作内容

完成许可申请材料接收、受理、许可文书送达，行政审批监管平台的运行管理，开展许可电话咨询、网络在线咨询以及许可相关信息公开等工作；组织开展申请人回访、申请人评议等工作。

（二）定额基准值确定

(1) 办公费：一级、二级、三级、四级队伍均按每个许可事项 8 个标准本计算，费用均为：8 本×50 元/本＝400 元。

(2) 邮电费：一级、二级、三级、四级队伍分别按每个许可事项邮寄 10 次计算，费用均为：10 次×1 件/次×20 元/件＝200 元。

固定项小计：

各级队伍：400 元＋200 元＝600 元

表 7-1-1　　许可窗口服务定额标准表

定额编号	定额项目	适用单位	单位	定额标准/元
SXZZF-5-1-1	许可窗口服务	各级队伍	件	600

表 7-1-2　　许可窗口服务定额费用组成表　　单位：元

定额编号	SXZZF-5-1-1			
费用科目名称	一级队伍	二级队伍	三级队伍	四级队伍
办公费	400	400	400	400
邮电费	200	200	200	200

二、许可管理及考核

（一）主要内容

许可归口管理部门对许可窗口服务、许可审批、许可项目的监督管理等各项工作进行定性定量考核；对行政许可文书（文件）进行合法性审查，对各许可承办部门许可审批和制度执行等情况进行监督检查等，以及开展周期性行政许可事项综合后评估。

（二）定额基准值确定

（1）办公费：一级、二级、三级队伍按 15 个标准本计算，即 15 本×50 元/本=750 元。

（2）印刷费：一级、二级、三级队伍按 10 个标准本计算，即 10 本×50 张/本×1.52 元/张=760 元

（3）差旅费：按 3 人一组不带车出差 3 天，费用为 3 人×950 元/人+3 人×3 天×100 元/(人・天)+3 人×3 天×80 元/(人・天)+3 人×2 天×330 元/(人・天)=6450 元。

固定项小计：

一级、二级、三级队伍（有下级）：750 元+760 元+6450 元=7960 元

表 7-1-3　　许可管理及考核定额标准表

定额编号	定额项目	适用单位	单位	定额标准/元
SXZZF-5-1-2	许可管理及考核	一级队伍	个	7960
		二级队伍		
		三级队伍（有下级）		

注： 由水政监察监督队伍以外部门管理的，依据所在单位水政监察队伍级次套用本定额标准。

表 7-1-4　　许可管理及考核定额费用组成表　　单位：元

定额编号	SXZZF-5-1-2				
费用科目名称	一级队伍	二级队伍	三级队伍（有下级）	三级队伍（无下级）	四级队伍
办公费	750	750	750	—	—
印刷费	760	760	760	—	—
差旅费	6450	6450	6450	—	—

第二节　河道管理范围内建设项目工程建设方案审批

一、审批

（一）主要内容

现场查勘，内部审查，专家评审会，审批文件印制，审批文件资料汇编，档案整编归档等。

（二）定额基准值确定

（1）办公费：一级、二级队伍均按 20 个标准本计算，费用均为：20 本×50 元/本=1000 元。

（2）印刷费：一级、二级队伍均按 20 个标准本计算，费用均为：20 本×50 张/本×1.52 元/张=1520 元。

（3）邮电费：一级、二级队伍按邮寄 10 件，费用均为：10 件×20 元/件=200 元。

（4）车辆运行维护费：结合目前各级队伍实际工作情况，根据表2-3-3确定的工作距离和表2-3-5确定的带车比例，计算出各级队伍单次出行的车辆运行维护费，见表2-3-6，确定各级队伍费用分别为2206元、1734元、1134元、1418元和552元。

（5）差旅费（带车）：现场查勘，一级、二级、三级、四级队伍均按3人1车，每天车辆行驶300公里计算，各级队伍出差天数分别为5天、3天、1天、1天，费用分别为：

一级队伍：3人×5天×100元/(人·天)＋3人×4天×330元/(人·天)＝5460元

二级队伍：3人×3天×100元/(人·天)＋3人×2天×330元/(人·天)＝2880元

三级队伍（有下级）：3人×1天×100元/(人·天)＝300元

三级队伍（无下级）：3人×1天×100元/(人·天)＝300元

四级队伍：3人×1天×100元/(人·天)＝300元

（6）差旅费（不带车）：参加审查会。

一级队伍按照3人1组、3天，费用为：3人×950元/人＋3人×3天×100元/(人·天)＋3人×3天×80元/(人·天)＋3人×2天×330元/(人·天)＝6450元

二级队伍按2人一组、3天，费用为：2人×950元/人＋2人×3天×100元/(人·天)＋2人×3天×80元/(人·天)＋2人×2天×330元/(人·天)＝4300元

依据带车比例确定表2-3-5的比例系数，得出综合费用分别为：

一级队伍：35%×5460元＋65%×6450元＝6104元

二级队伍：50%×4300元＋50%×2880元＝3590元

三级队伍（有下级）：100%×300元＝300元

三级队伍（无下级）：100%×300元＝300元

四级队伍：100%×300元＝300元

（7）咨询费：一级、二级队伍均按5人2天计算，即按每人两天1500元计，费用均为：5人×1500元/人＝7500元。

固定项小计：

一级队伍：1000 元＋1520 元＋200 元＋2206 元＋6104 元＋7500 元＝18530 元

二级队伍：1000 元＋1520 元＋200 元＋7500 元＝10220 元

调整项小计（调整科目为车辆运行维护费及差旅费）：

二级队伍：1734 元＋3590 元＝5324 元

三级队伍（有下级）：1134 元＋300 元＝1434 元

三级队伍（无下级）：1418 元＋300 元＝1718 元

四级队伍：552 元＋300 元＝852 元

表 7-2-1　　审批定额标准表

定额编号	定额项目	适用单位	单位	定额标准/元
SXZZF-5-2-1	审批	一级队伍	次	18530
		二级队伍		10220＋5324μ
		三级队伍（有下级）		1434μ
		三级队伍（无下级）		1718μ
		四级队伍		852μ

注：由水政监察监督队伍以外部门管理的，依据所在单位水政监察队伍级次套用本定额标准。

表 7-2-2　　审批定额费用组成表　　单位：元

定额编号	SXZZF-5-2-1				
费用科目名称	一级队伍	二级队伍	三级队伍（有下级）	三级队伍（无下级）	四级队伍
办公费	1000	1000	—	—	—
印刷费	1520	1520	—	—	—
邮电费	200	200	—	—	—
车辆运行维护费	2206	1734	1134	1418	552
差旅费	6104	3590	300	300	300
咨询费	7500	7500	—	—	—

二、监督管理

（一）主要内容

开工监管，施工过程监管，跟踪整改情况，专项检查（包括汛前检查、重点抽查），专项验收和事后监管等。

（二）定额基准值确定

（1）办公费：一级、二级、三级、四级队伍分别按20个、20个、10个和10个标准本计算，费用分别为：20本×50元/本＝1000元，20本×50元/本＝1000元，10本×50元/本＝500元，10本×50元/本＝500元。

（2）车辆运行维护费：结合目前各级队伍实际工作情况，根据表2－3－3确定的工作距离和表2－3－5确定的带车比例，计算出各级队伍单次出行的车辆运行维护费，见表2－3－6，确定各级队伍费用分别为2206元、1734元、1134元、1418元和552元。

（3）差旅费：结合目前各级队伍实际工作情况，选取每天车辆行驶300公里带车和不带车出行综合差旅费标准，根据3人一组出行综合差旅费计算表2－3－12确定各级队伍费用分别为7098元、4665元、1224元、300元和300元。

固定项小计：

一级队伍：1000元＋2206元＋7098元＝10304元

二级队伍：1000元

三级队伍（有下级）：500元

三级队伍（无下级）：500元

四级队伍：500元

调整项小计（调整科目为车辆运行维护费及差旅费）：

二级队伍：1734元＋4665元＝6399元

三级队伍（有下级）：1134元＋1224元＝2358元

三级队伍（无下级）：1418元＋300元＝1718元

四级队伍：552元＋300元＝852元

表 7-2-3　　监督管理定额标准表

定额编号	定额项目	适用单位	单位	定额标准/元
SXZZF-5-2-2	监督管理	一级队伍	次	10304
		二级队伍		1000＋6399μ
		三级队伍（有下级）		500＋2358μ
		三级队伍（无下级）		500＋1718μ
		四级队伍		500＋852μ

注：由水政监察监督队伍以外部门管理的，依据所在单位水政监察队伍级次套用本定额标准。

表 7-2-4　　监督管理定额费用组成表　　单位：元

定额编号	SXZZF-5-2-2				
费用科目名称	一级队伍	二级队伍	三级队伍（有下级）	三级队伍（无下级）	四级队伍
办公费	1000	1000	500	500	500
车辆运行维护费	2206	1734	1134	1418	552
差旅费	7098	4665	1224	300	300

第三节　河道管理范围内有关活动审批

一、审批

（一）主要内容

现场查勘，内部审查，专家评审会，审批文件印制，审批文件资料汇编，档案整编归档等。

（二）定额基准值确定

（1）办公费：一级、二级队伍均按 10 个标准本计算，费用均为：10 本×50 元/本＝500 元。

（2）印刷费：一级、二级队伍均按 10 个标准本计算，费用均为：10 本×50 张×1.52 元/张＝760 元。

（3）车辆运行维护费：结合目前各级队伍实际工作情况，根据表 2-3-3 确定的工作距离和表 2-3-5 确定的带车比例，计算出各级队伍单次出行的车辆运行维护费，见表 2-3-6，确定各级队伍费用分别为 2206 元、1734 元、1134 元、1418 元和 552 元。

（4）差旅费：结合目前各级队伍实际工作情况，选取每天车辆行驶 300 公里带车和不带车出行综合差旅费标准，根据 3 人一组出行综合差旅费计算表 2-3-12 确定各级队伍费用分别为 7098 元、4665 元、1224 元、300 元和 300 元。

（5）咨询费：一级、二级队伍均按 5 人 2 天计算，即按每人两天 1500 元计，费用均为：5 人×1500 元/人＝7500 元。

固定项小计：

一级队伍：500 元＋760 元＋2206 元＋7098 元＋7500 元＝18064 元

二级队伍：500 元＋760 元＋7500 元＝8760 元

调整项小计（调整科目为车辆运行维护费及差旅费）：

二级队伍：1734 元＋4665 元＝6399 元

三级队伍（有下级）：1134 元＋1224 元＝2358 元

三级队伍（无下级）：1418 元＋300 元＝1718 元

四级队伍：552 元＋300 元＝852 元

表 7-3-1　　审批定额标准表

定额编号	定额项目	适用单位	单位	定额标准/元
SXZZF-5-3-1	审批	一级队伍	次	18064
		二级队伍		8760＋6399μ
		三级队伍（有下级）		2358μ
		三级队伍（无下级）		1718μ
		四级队伍		852μ

注：由水政监察监督队伍以外部门管理的，依据所在单位水政监察队伍级次套用本定额标准。

表 7-3-2 **审批定额费用组成表** 单位：元

定额编号	SXZZF-5-3-1				
费用科目名称	一级队伍	二级队伍	三级队伍（有下级）	三级队伍（无下级）	四级队伍
办公费	500	500	—	—	—
印刷费	760	760	—	—	—
车辆运行维护费	2206	1734	1134	1418	552
差旅费	7098	4665	1224	300	300
咨询费	7500	7500	—	—	—

二、监督管理

（一）主要内容

开工监管，施工过程监管，跟踪整改情况，专项检查（包括汛前检查、重点抽查），专项验收和事后监管等。

（二）定额基准值确定

（1）办公费：二级、三级、四级队伍按 10 个、5 个、5 个标准本计算，费用分别为：10 本×50 元/本=500 元，5 本×50 元/本=250 元，5 本×50 元/本=250 元。

（2）车辆运行维护费：结合目前各级队伍实际工作情况，根据表 2-3-3 确定的工作距离和表 2-3-5 确定的带车比例，计算出各级队伍单次出行的车辆运行维护费，见表 2-3-6，确定二级、三级（无下级）、三级（有下级）、四级队伍费用分别为 1734 元、1134 元、1418 元和 552 元。

（3）差旅费：结合目前各级队伍实际工作情况，选取每天车辆行驶 300 公里带车和不带车出行综合差旅费标准，根据 3 人一组出行综合差旅费计算表 2-3-12 确定二级、三级（无下级）、三级（有下级）、四级队伍费用分别为 4665 元、1224 元、300 元和 300 元。

固定项小计：

二级队伍：500 元

三级队伍（有下级）：250 元

三级队伍（无下级）：250 元

四级队伍：250 元

调整项小计（调整科目为车辆运行维护费及差旅费）：

二级队伍：1734 元＋4665 元＝6399 元

三级队伍（有下级）：1134 元＋1224 元＝2358 元

三级队伍（无下级）：1418 元＋300 元＝1718 元

四级队伍：552 元＋300 元＝852 元

表 7－3－3　　监督管理定额标准表

定额编号	定额项目	适用单位	单位	定额标准/元
SXZZF－5－3－2	监督管理	二级队伍	次	500＋6399μ
		三级队伍（有下级）		250＋2358μ
		三级队伍（无下级）		250＋1718μ
		四级队伍		250＋852μ

注：由水政监察监督队伍以外部门管理的，依据所在单位水政监察队伍级次套用本定额标准。

表 7－3－4　　监督管理定额费用组成表　　单位：元

定额编号	SXZZF－5－3－2				
费用科目名称	一级队伍	二级队伍	三级队伍（有下级）	三级队伍（无下级）	四级队伍
办公费	—	500	250	250	250
车辆运行维护费	—	1734	1134	1418	552
差旅费	—	4665	1224	300	300

第四节　吹填（整治）工程审批

一、审批

（一）主要内容

河道地形测量，技术审查包括现场查勘、内部审查、专家评审会，审批文件印制、审批文件及资料汇编、档案整编归档等。

（二）定额基准值确定

（1）办公费：一级、二级队伍分别按照40个、30个标准本，费用分别为：40本×50元/本＝2000元，30本×50元/本＝1500元。

（2）印刷费：一级、二级队伍分别按照40本、30本，费用分别为：40本×50张/本×1.52元/张＝3040元，30本×50张/本×1.52元/张＝2280元。

（3）邮电费：邮寄审查材料，一级、二级队伍分别按照80件、60件计算，费用分别为：80件×20元/件＝1600元，60件×20元/件＝1200元。

（4）车辆运行维护费：结合目前各级队伍实际工作情况，根据表2-3-3确定的工作距离和表2-3-5确定的带车比例，计算出各级队伍单次出行的车辆运行维护费，见表2-3-6，确定各级队伍费用分别为2206元、1734元、1134元、1418元和552元。

（5）差旅费：结合目前各级队伍实际工作情况，选取每天车辆行驶300公里带车和不带车出行综合差旅费标准，根据3人一组出行综合差旅费计算表2-3-12确定各级队伍费用分别为7098元、4665元、1224元、300元和300元。

（6）船只运行维护费（可选项）：按大、中、小型单价乘以实际行驶距离计。

（7）咨询费：一级、二级队伍均按5人2天计算，即按每人两天1500元计，费用均为：5人×1500元/人＝7500元。

固定项小计：

一级队伍：2000元＋3040元＋1600元＋2206元＋7098元＋7500元＝23444元

二级队伍：1500元＋2280元＋1200元＋7500元＝12480元

调整项小计（调整科目为车辆运行维护费及差旅费）：

二级队伍：1734元＋4665元＝6399元

三级队伍（有下级）：1134 元+1224 元=2358 元

三级队伍（无下级）：1418 元+300 元=1718 元

四级队伍：552 元+300 元=852 元

表 7-4-1　　审批定额标准表

定额编号	定额项目	适用单位	单位	定额标准/元
SXZZF-5-4-1	审批	一级队伍	次	$23444+P$
		二级队伍		$12480+6399\mu+P$
		三级队伍（有下级）		$2358\mu+P$
		三级队伍（无下级）		$1718\mu+P$
		四级队伍		$852\mu+P$

注：由水政监察监督队伍以外部门管理的，依据所在单位水政监察队伍级次套用本定额标准。

表 7-4-2　　审批定额费用组成表　　单位：元

定额编号	SXZZF-5-4-1				
费用科目名称	一级队伍	二级队伍	三级队伍（有下级）	三级队伍（无下级）	四级队伍
办公费	2000	1500	—	—	—
印刷费	3040	2280	—	—	—
邮电费	1600	1200	—	—	—
车辆运行维护费	2206	1734	1134	1418	552
差旅费	7098	4665	1224	300	300
咨询费	7500	7500	—	—	—

二、监督管理

（一）主要内容

现场监管包括开工监管、施工过程监管、吹填（整治）工程范围和工程量的核查，专项检查包括汛前检查、重点抽查等，组织编制吹填（整治）工程后评估报告，事后监管。

（二）定额基准值确定

（1）办公费：一级、二级、三级、四级队伍分别按照 50 个、

30 个、20 个、10 个标准本，费用分别为：50 本×50 元/本＝2500 元，30 本×50 元/本＝1500 元，20 本×50 元/本＝1000 元，10 本×50 元/本＝500 元。

（2）印刷费：一级、二级、三级、四级队伍分别按照 40 本、30 本、20 本、10 本计算，费用分别为：40 本×50 张/本×1.52 元/张＝3040 元，30 本×50 张/本×1.52 元/张＝2280 元，20 本×50 张/本×1.52 元/张＝1520 元，10 本×50 张/本×1.52 元/张＝760 元。

（3）车辆运行维护费：结合目前各级队伍实际工作情况，根据表 2-3-3 确定的工作距离和表 2-3-5 确定的带车比例，计算出各级队伍单次出行的车辆运行维护费，见表 2-3-6，确定各级队伍费用分别为 2206 元、1734 元、1134 元、1418 元和 552 元。

（4）差旅费：结合目前各级队伍实际工作情况，选取每天车辆行驶 300 公里带车和不带车出行综合差旅费标准，根据 3 人一组出行综合差旅费计算表 2-3-12 确定各级队伍费用分别为 7098 元、4665 元、1224 元、300 元和 300 元。

（5）船只运行维护费（可选项）：按大、中、小型单价乘以实际行驶距离计。

固定项小计：

一级队伍：2500 元＋3040 元＋2206 元＋7098 元＝14844 元

二级队伍：1500 元＋2280 元＝3780 元

三级队伍（有下级）：1000 元＋1520 元＝2520 元

三级队伍（无下级）：1000 元＋1520 元＝2520 元

四级队伍：500 元＋760 元＝1260 元

调整项小计（调整科目为车辆运行维护费及差旅费）：

二级队伍：1734 元＋4665 元＝6399 元

三级队伍（有下级）：1134 元＋1224 元＝2358 元

三级队伍（无下级）：1418 元＋300 元＝1718 元

四级队伍：552 元＋300 元＝852 元

表 7-4-3　　监督管理定额标准表

定额编号	定额项目	适用单位	单位	定额标准/元
SXZZF-5-4-2	监督管理	一级队伍	次	14844＋P
		二级队伍		3780＋6399μ＋P
		三级队伍（有下级）		2520＋2358μ＋P
		三级队伍（无下级）		2520＋1718μ＋P
		四级队伍		1260＋852μ＋P

注：由水政监察监督队伍以外部门管理的，依据所在单位水政监察队伍级次套用本定额标准。

表 7-4-4　　监督管理定额费用组成表　　单位：元

定额编号	SXZZF-5-4-2				
费用科目名称	一级队伍	二级队伍	三级队伍（有下级）	三级队伍（无下级）	四级队伍
办公费	2500	1500	1000	1000	500
印刷费	3040	2280	1520	1520	760
车辆运行维护费	2206	1734	1134	1418	552
差旅费	7098	4665	1224	300	300

第八章　水政监察队伍建设与管理

根据《中共中央关于全面推进依法治国若干重大问题的决定》中关于加强法治工作队伍建设的要求，以及《水政监察工作章程》《水政监察证件、标志管理办法》的规定，流域管理机构负责制定、修订水政监察队伍制度，建立水政监察队伍考核、培训体系，为水政监察队伍配备必要的专用执法装备，改善办公条件，给予水政监察人员与执法任务相适应的执法津贴，购买人身伤害保险等，提高水行政执法能力，保障执法基地和执法设备正常运行。

第一节　能力建设

一、人员培训

（一）主要内容

举办或参加培训，对水行政执法、行政许可管理业务人员进行相关法律法规及业务知识和能力培训，新增水政监察人员岗前资格培训。

（二）定额基准值确定

（1）培训费（组织培训）：按各级队伍实际人数每次 2 天计算，培训费 550 元/(人·天)，费用为：550 元/(人·天)×2 天＝1100 元/人。

（2）差旅费（参加培训）：各级队伍按实际人数的 50%（出现小数按四舍五入）不带车出差 2 天计算，费用为：950 元/人＋180 元/(人·天)×2 天＝1310 元/人。

表 8-1-1　　人员培训定额标准表

定额编号	定额项目	适用事项	单位	定额标准/元
SXZZF-6-1-1	人员培训	举办培训	年	$1100R_1$
		参加培训		$1310R_2$

注：R_1为本单位举办培训班的参加人数；R_2为本单位参加外单位组织的培训人数。

二、队伍管理和考核

（一）主要内容

规范执法行为，提高执法水平，建立执法责任制、执法全过程记录、执法程序、自由裁量权基准等制度建设；按照队伍管理权限，组织开展水政监察工作及水政监察队伍考核；新增水政监察人员岗前考核及上岗（发证），水政监察人员任期届满考核（审验、登记）。

（二）定额基准值确定

（1）办公费：一级、二级、三级队伍（有下级）分别按20个、20个、10个标准本计算，费用分别为：20本×50元/本＝1000元，20本×50元/本＝1000元，10本×50元/本＝500元，三级队伍（无下级）和四级队伍按照4个标准本计算，费用均为：4本×50元/本＝200元。

（2）差旅费（不带车）：一级、二级队伍按3人1组不带车出差3天计算，费用为：

一级队伍：3人×950元/人＋3人×3天×100元/(人·天)＋3人×3天×80元/(人·天)＋3人×2天×330元/(人·天)＝6450元

二级队伍：3人×950元/人＋3人×3天×100元/(人·天)＋3人×3天×80元/(人·天)＋3人×2天×330元/(人·天)＝6450元

三级队伍（有下级）按照2人1组不带车出差2天计算，费用为：2人×950元/人＋2人×2天×100元/(人·天)＋2人×2天×80元/(人·天)＋2人×1天×330元/(人·天)＝3280元固定项小计：

一级队伍：1000 元＋6450 元＝7450 元

二级队伍：1000 元

三级队伍（有下级）：500 元

三级队伍（无下级）：200 元

四级队伍：200 元

调整项小计（调整科目为车辆运行维护费及差旅费）：

二级队伍：6450 元

三级队伍（有下级）：3280 元

表 8－1－2　　队伍管理和考核定额标准表

定额编号	定额项目	适用单位	单位	定额标准/元
SXZZF－6－1－2	队伍管理和考核	一级队伍	次	7450
		二级队伍		1000＋6450μ
		三级队伍（有下级）		500＋3280μ
		三级队伍（无下级）		200
		四级队伍		200

表 8－1－3　　队伍管理和考核定额费用组成表　　单位：元

定额编号	SXZZF－6－1－2				
费用科目名称	一级队伍	二级队伍	三级队伍（有下级）	三级队伍（无下级）	四级队伍
办公费	1000	1000	500	200	200
差旅费	6450	6450	3280	—	—

第二节　执法保障

一、执法人员保障

（一）主要内容

购买执法人员意外伤害保险，安全防护设施设备更新维护

(适用于二级、三级、四级队伍）等。

（二）定额基准值确定

（1）人员保险：各级队伍人员保险按 360 元/(人·年）计。

（2）防护设施费：二级、三级、四级队伍按约 639 元/(套·年）计取防护设施费［基层水行政人员的执法标识、安全防护设施等费用，以三年为周期更新，1916 元/(套·3 年)。其中，包括防刺背心、防滑鞋、防刺手套、头盔、辣椒水、强光手电］。

表 8-2-1　　执法人员保障定额标准表

定额编号	定额项目	适用单位	单位	定额标准/元
SXZZF-6-2-1	执法人员保障	一级队伍	年	$360R_3$
		二级队伍		$360R_3+639M_5$
		三级队伍（有下级）		$360R_3+639M_5$
		三级队伍（无下级）		$360R_3+639M_5$
		四级队伍		$360R_3+639M_5$

注：R_3为参保人数；M_5为安全防护设施套数量。

二、执法设施设备运行维护

（一）主要内容

调查取证设备、听证复议设备、水法规宣传设施以及码头、趸船等设施设备的运行维护。

（二）定额基准值确定

维修（护）费：一般设备，如调查取证、办案设备和部分现场处理设备等，按固定资产原值 2%计；特殊设备，如码头、趸船等按固定资产原值 5%计。

表 8-2-2　　执法设施设备运行维护定额标准表

定额编号	定额项目	适用范围	单位	定额标准/元
SXZZF-6-2-2	执法设施设备运行维护	一般设备	次	$2\%G_1$
		特殊设备		$5\%G_2$

注：G_1为一般设备固定资产值；G_2为特殊设备固定资产值。

表 8-2-3　　水行政执法设施设备清单

一般设备			专用设备
调查取证设备	现场处理设备	办案设备	
摄像机	现场执法记录仪	计算机	执法船
照相机	移动执法设备	电话机	执法艇
录音机（笔）	破拆设备	传真机	趸船
望远镜	防暴头盔	扫描仪	码头
夜视仪	防刺背心	打印机	其他
笔记本电脑	扩音设备	复印机	
定位设备	应急照明设备	投影仪	
测量设备	强光手电筒		
	执法专用箱		